Arbeitstexte für den Unterricht

Die Juden

Vorurteil und Verfolgung im Spiegel literarischer Texte

FÜR DIE SEKUNDARSTUFE

HERAUSGEGEBEN VON
CHRISTHARD HOFFMANN
UND BERND PASSIER

PHILIPP RECLAM JUN. STUTTGART

Universal-Bibliothek Nr. 9596 [2]

Gesamtherstellung: Reclam, Ditzingen. Printed in Germany 1986
ISBN 3-15-009596-4

Inhalt

* Mit Sternchen versehene Überschriften stammen von den Herausgebern.

Vorwort

Fast hat es den Anschein, als ob die Gefahr antisemitischer Umtriebe in demselben Maße wächst, wie der zeitliche Abstand zu den organisierten Verbrechen des Dritten Reiches sich vergrößert. Die Chronik der einschlägigen Vorfälle, die Henryk M. Broder 1978 zusammengestellt hat – sie reicht von gedanken- und bedenkenlos erzählten Judenwitzen über antisemitische Schmierereien bis hin zur Bedrohung jüdischer Mitbürger[1] – ließe sich unschwer durch aktuelle Beispiele ergänzen. Die wachsende historische Distanz, welche das Vergessen leichter macht und die individuelle Schamschwelle zu senken scheint, ist freilich nur die äußere Voraussetzung für das Wiederaufleben eines Antisemitismus, dessen Ausmaß in keiner Weise durch die Größe der Gruppe zu erklären ist, gegen die er sich richtet.[2] Man wird nicht fehlgehen, die tatsächlich verursachenden Faktoren in der konkreten gesellschaftlichen Situation der Bundesrepublik von heute aufzusuchen: Arbeitslosigkeit als latente Drohung oder reale Erfahrung, Furcht vor sozialem Abstieg im Verein mit einer irrationalen Überfremdungsangst, Sinnverlust und Orientierungslosigkeit lassen, nach einem allzu bekannten Muster, Aggressionen entstehen, deren nicht nur symbolisches Objekt – neben anderen Minderheiten – wieder einmal »die Juden« bilden.
Angesichts dieser Entwicklung bleibt die Aufklärung über

1. Henryk M. Broder: Deutschland erwacht. Die neuen Nazis. Aktionen und Provokationen. Köln 1978. Siehe ferner die Dokumentation bei Alphons Silbermann: Sind wir Antisemiten? Ausmaß und Wirkung eines sozialen Vorurteils in der Bundesrepublik. Köln 1982. S. 149–201.
2. Kaum 30 000 jüdische Bürger leben in der Bundesrepublik. Vgl. Klaus-Henning Rosen: Vorurteile im Verborgenen. Zum Antisemitismus in der Bundesrepublik Deutschland. In: Antisemitismus. Von der Judenfeindschaft zum Holocaust. Hrsg. von Herbert A. Strauss u. Norbert Kampe. Bonn 1984. (Schriftenreihe der Bundeszentrale für politische Bildung 213.) S. 256–279; hier S. 257. Der Aufsatz bietet auch einen informativen Überblick über die vier sozialwissenschaftlichen Arbeiten, die Gestalt und Verbreitung des Antisemitismus nach dem Zweiten Weltkrieg untersucht haben.

Ursachen und Folgen des Antisemitismus eine ständige pädagogische Aufgabe nicht nur des Religions- und Geschichtsunterrichts, sondern – im Rahmen des umfassenden Auftrags der Schule zu politischer Bildung – auch des Deutschunterrichts. Die vorliegende Anthologie, die unter den beiden thematischen Stichworten »Vorurteil« und »Verfolgung« eine Anzahl literarischer Texte (im Sinne von fiktiver Literatur) zum Problem der Judenfeindschaft vereint, hat hier ihren didaktischen Ort. Ihr geht es nicht allein darum, über das Medium Literatur Einsichten in Struktur und Funktion des antisemitischen Vorurteils zu vermitteln – das auch; nicht minder aber möchte sie Rück-Erinnerung motivieren und – im Anschluß an die Überlegungen von Anneliese Manzmann – »Unmenschlichkeit und Leidensdruck in einem gesellschaftlichen Gedächtnis [wachhalten], das seine Subgruppen und deren Schicksale in sich aufnehmen muß«[3]. Daß ein Kapitel zur nationalsozialistischen Judenverfolgung gleichsam den didaktischen Fluchtpunkt der Anthologie bildet, bedarf speziell unter diesem Gesichtspunkt wohl keiner näheren Begründung.

Zur Textauswahl und -anordnung im einzelnen: Kapitel I versammelt literarische Präsentationsformen des Antisemitismus. An Beispielen aus fünf Jahrhunderten zeigt es Konstanz und Wandel des Judenstereotyps in der (literatur-)geschichtlichen Entwicklung und dokumentiert, daß es eine bedrückende Kontinuität der Judenfeindschaft in der deutschen Literatur gibt. Eine exakte Aufarbeitung der literarischen Geschichte des Antisemitismus hätte noch entschieden weiter zurückgreifen müssen; sie lag jedoch außerhalb der Reichweite dieser unterrichtspraktisch orientierten Sammlung. Im Rahmen der didaktischen Konzeption, die ihr zugrunde liegt, soll das Kapitel eine doppelte Funktion erfüllen: Einerseits sorgt es für die notwendige historische Per-

3. Anneliese Manzmann: Läßt sich ein negativer historischer Tatbestand – wie die Verfolgung der Juden durch die Jahrhunderte – pädagogisch positiv fassen? In: Judenfeindschaft in Altertum, Mittelalter und Neuzeit. Hrsg. von Anneliese Manzmann. Königstein i. Ts. 1981. (Historie heute 2.) S. 25.

spektivierung des Tatbestandes, den die Texte des dritten Kapitels vergegenwärtigen; zum anderen möchte es anregen zur Diskussion über die geistigen und sozialpsychologischen Voraussetzungen des Holocaust.

Von der bloßen Einstellung zur aggressiven Handlung, vom »Vorurteil« zur »Verfolgung« scheint es ein weiter Weg. Und doch: immer ist dem Vorurteil die Tendenz zu gewaltsamer Aktion schon immanent.[4] Zu fragen wäre in diesem Zusammenhang nach der verhaltensprägenden Kraft von Literatur, nach ihrer Fähigkeit, Einstellungen zu erzeugen bzw. zu verstärken und soziale Verhaltensweisen zu prädisponieren, die unter bestimmten, historisch zu analysierenden Bedingungen in reales Handeln umschlagen. Einen Ansatzpunkt hierfür könnte die Feststellung Hans Mayers bieten, der in Anspielung auf die stereotypen Judengestalten der bürgerlichen Erzählliteratur bemerkt: »Nicht jeder hatte deutsche oder ›undeutsche‹ Juden jemals kennengelernt; aber man kannte sich aus mit den Moses Freudenstein und Veitel Itzig und Jochem. Diese Art von Überbau erwies eine aktivierende Kraft.«[5]

Den Texten mit mehr oder minder offen antijüdischer Tendenz stellt das zweite Kapitel Texte gegenüber, die das Vorurteil gegen die Juden selbst zum Gegenstand literarischer Auseinandersetzung machen. Indem sie den Prozeß der Vorurteilsbildung beleuchten, indem sie Entstehungsbedingungen und Ursachen des Antisemitismus offenlegen und seine individuellen und kollektiven Auswirkungen beschreiben, leisten sie poetische Analyse und praktische Aufklärung zugleich. Dergestalt bilden sie ein kritisches Gegengewicht und notwendiges Korrektiv zu den Texten aus Kapitel I.

Das Schlüsselereignis der deutsch-jüdischen Geschichte, die Verfolgung und Vernichtung der Juden während der nationalsozialistischen Gewaltherrschaft, spiegeln die Erzählungen und Dramenausschnitte des dritten Kapitels, die teils als

4. Vgl. die »Grade feindseligen Handelns« in der Vorurteilsanalyse von Gordon W. Allport: Treibjagd auf Sündenböcke. Berlin u. Bad Nauheim 1951. S. 64–66.
5. Hans Mayer: Außenseiter. Frankfurt a. M. 1975. S. 391.

unmittelbarer Reflex auf die Machtübernahme entstanden sind, teils spätere Verarbeitungen der historischen Vorgänge darstellen. Diskriminierung im Alltag, der kein Einhalt geboten wurde, Furcht und Hoffnung, Verfolgung und mögliche Rettung, Vernichtung schließlich, das sind dürre Stichworte nur für das, was die hier versammelten Texte in poetischer Verdichtung erfahrbar machen. Aus ihrer Auswahl und Anordnung soll deutlich werden, daß der Holocaust nur den grausamen Kulminationspunkt einer Entwicklung bildete, die ihren Anfang in der sogenannten »Normalität« des Alltags nahm: im Nicht-wissen- und Nicht-hinsehen-Wollen der schweigenden Mehrheit, in der opportunistischen Anpassung, die moralische Zweifel unterdrückte, im Versagen der mitmenschlichen Solidarität.

Das Statement von Lea Fleischmann, das unsere Sammlung beschließt, nimmt wegen seines autobiographischen Charakters eine Sonderstellung ein. Es fordert zu Perspektivenübernahme und Motivverstehen auf: Welche Erfahrungen veranlassen eine deutsche Jüdin, mehr als dreißig Jahre nach Kriegsende ihre gesicherten Lebensbezüge aufzukündigen und ihrer Heimat den Rücken zu kehren? Wie steht es mit der vielbeschworenen »Vergangenheitsbewältigung«, wie mit der Lernfähigkeit der Deutschen? Welcher Zusammenhang besteht zwischen den von Lea Fleischmann wahrgenommenen autoritären Erziehungs- und Verhaltensmustern und der Diskriminierung gesellschaftlicher Minderheiten? Wenn dieser gewiß provokante Text hier unter der Überschrift »Epilog« erscheint, so ist dies durchaus im Brechtschen Sinne zu verstehen: als Anstoß zum Weiter-Denken und Nach-Fragen, als Aufforderung zur kritischen Überprüfung des eigenen Verhaltens nicht zuletzt.

Daß sich unsere Textsammlung auf die Aspekte des Vorurteils und der Verfolgung beschränkt, kann ihr unter Umständen den Vorwurf eintragen, ein einseitiges Bild der deutsch-jüdischen Beziehungen zu vermitteln. Zur Wirklichkeit jüdischer Lebenswelt in Deutschland gehörte neben Diskriminie-

rung und Antisemitismus unstreitig auch die Erfahrung des fraglosen Miteinanders, des kulturellen Austauschs, der deutsch-jüdischen Symbiose. Dies sollte im Unterricht ausdrücklich angesprochen werden – und zwar nicht, um die Wirksamkeit des weit verbreiteten antisemitischen Stereotyps zu verharmlosen oder gar um die Morde an den Juden während des Dritten Reiches durch positive Bilder aus der deutsch-jüdischen Vergangenheit »aufzuwiegen«, sondern um dem – judenfeindlichen – Mythos vorzubeugen, es gäbe einen »ewigen« Antisemitismus, ein vorurteilsfreies Zusammenleben zwischen Deutschen und Juden sei unmöglich.
Für die unterrichtspraktische Arbeit mit der vorliegenden Anthologie bieten sich mehrere Möglichkeiten an. Die Texte des ersten Kapitels könnten ihren Platz finden in einer Sequenz, welche die literarische Geschichte des Antisemitismus an ausgewählten Beispielen zu behandeln sucht. Texte des dritten Kapitels könnten die historischen Folgen der Judenfeindschaft verdeutlichen, Texte des zweiten Kapitels zu einer prinzipiellen Diskussion der Vorurteilsproblematik anregen. Ebenso ist der umgekehrte Weg denkbar: Das Kapitel zur nationalsozialistischen Judenverfolgung könnte das Fundament für eine in sich geschlossene Unterrichtsreihe bilden, die sich anhand von Texten des ersten Kapitels um eine historische, anhand des Textes von Lea Fleischmann um eine aktuelle Dimension erweitern ließe.
Nachdrücklich hingewiesen sei an dieser Stelle auf die Sammlung *Vorurteile gegen Minderheiten. Die Anfänge des modernen Antisemitismus am Beispiel Deutschlands*, die Hans-Gert Oomen und Hans-Dieter Schmid in derselben Reihe vorgelegt haben. Sie enthält antisemitische Texte aus der politisch-publizistischen Diskussion der Jahre 1879 bis 1896 und bietet im fünften Kapitel Ausschnitte aus theoretischen Schriften zur Analyse des Antisemitismus. Zusammen mit dem geschichtlichen Überblick, den die Herausgeber vorausschikken, können diese Materialien gewinnbringend auch zur Arbeit mit der hier vorgelegten Anthologie herangezogen werden.

Allen Texten, die einem größeren Werkzusammenhang entnommen sind, ist jeweils eine orientierende Einführung vorangestellt; biographische Daten zu allen in der Sammlung vertretenen Autoren finden sich im Autoren- und Quellenverzeichnis.

I. Texte mit antijüdischer Tendenz

1. *Hans Folz: Jüdischer Wucher*

Die 1491 gedruckte Reimpaardichtung des Barbiers und Meistersingers Hans Folz verweist deutlich auf die politisch-religiösen Konflikte im Nürnberg des ausgehenden Mittelalters. Durch Pogrome zu Beginn und um die Mitte des 14. Jahrhunderts bereits empfindlich dezimiert, waren die Juden im Spätmittelalter der städtischen Mittelschicht wie auch dem Nürnberger Patriziat als Gläubiger und lästige Konkurrenten im Geldgeschäft zunehmend unbequem geworden. Nachdem ein erster Vorstoß zur Austreibung der jüdischen Gemeinde 1473 scheiterte, war der Rat ein Vierteljahrhundert später erfolgreicher: Mit Zustimmung des Kaisers Maximilian wurden die Juden 1499 endgültig ausgewiesen; erst 1850 wurde in Nürnberg wieder ein Jude als Bürger aufgenommen.
Mit seinen Fastnachtspielen und Reimpaarsprüchen hatte Folz an der antijüdischen Stimmungsmache aktiven Anteil. Die judenfeindliche Tendenz dieser Schriften bot dem Autor nicht nur die Gewähr einer auch finanziell einträglichen Breitenwirkung, sie sicherte ihm zugleich das notwendige Wohlwollen des Rates. Unserem Textausschnitt geht ein aufwendiges Rechenexempel voraus, mit dessen Hilfe der Autor die jüdischen Wucherpraktiken mathematisch exakt unter Beweis zu stellen sucht. Sobald ein christliches Kind geboren wird, sind die Juden darum bemüht, dem Neugeborenen 30 Pfennige zu leihen (für 30 Silberlinge wurde Christus verraten). Da der jüdische Kreditgeber vierteljährlich Zinseszins verlangt, vermehrt sich die Schuld rapide, bis sie nach zwanzig Jahren – so die Rechnung von Folz – mit der horrenden Summe von 60849403 Pfennigen zu Buche schlägt.

Seit man die jüden so frey macht,
Spoten sie gar pillich[1] der cristen
Und füln von irem gut ir kisten.
Machen ein wechsel[2] mit[3] hindan[4]
In ir künckreich[5] Schlampamprian[6],
Do es dem Entcrist[7] wirt zuteil.
Darmit tragen die pöswicht feil
Der armen kristen sel und narung,
Wan[8] nach aller geschrift[9] erfarung
So sein sie schedlicher den kristen
Dan[10] der teüfel mit all sein listen.
Der selb gert[11] nür der sel alein,
Der jüd leib, sel und gut gemein[12]:
Den leib, durch sie vergifft und wunt,
Die sel verflucht in hell abgrunt,
Und das alle herschafft gemein
Neür ynen dienen solt alein.
Ach got, wie sein die hern so plint,
Das keinr den fortel[13] nit besint,
Welch jüd seim hern ein gülden[14] reycht,
Das er yn mit um hundert leicht[15],
Ob[16] man wil rechen[17], wo ers nimpt.

1. verdientermaßen, zu Recht.
2. Handel.
3. damit.
4. hinfort.
5. Königreich.
6. Fabelland des Wohllebens, Schlaraffenland.
7. Antichrist, auch Widerchrist; die Vorstellung von einer dem Messias vorausgehenden gegnerischen Gestalt – einer widergöttlichen Geschichtsmacht.
8. denn.
9. Heilige Schrift, Bibel.
10. als.
11. begehrt.
12. zusammen, in gleicher Weise.
13. Gewinn, Profit.
14. Gulden.
15. betrügt.
16. wenn.
17. ermessen, bedenken.

Ich schweig, was allen juden zimpt[18]
Von zinsen, kleidern, tranck und speis,
So sie doch in kein ander weis
Dan mit dem wucher das erobern,
On[19] was sie sunst darmit erkobern[20],
Von großer hab, die sie hinsenden,
Die sunst all blib ins fursten henden
Und als sein folck pei gut und hab,
Das sie sunst teglich streiffen ab[21],
So man sie helt so werd und lieb:
Ir wist, ursach macht offt ein dieb.
Darum welch fürst an yn beklept[22],
Wüscht es nit ab, die weil er lept.
Das hat betrachtet fleisseclich[23]
Der edel fürst margraf Fridrich[24]
Durch ynerliche pit und fle[25]
Seinr hoch geborn küngin, die ee[26]
Das pildet in sein furstlich gnad[27],
Auff das sulcher erplicher schad
Sein folck nit pis in grunt vergifft;
Hot mit ir hercz zu ru gestifft.[28]
Lob, eer und danck ich yn des sag.
Got wirts belan[29] am jüngsten tag.
Wan waß sie inn heten fur pfant,
Musten sie rauß geben alsant[30].

18. ziemt, zusteht.
19. abgesehen davon.
20. sich aneignen.
21. entziehen.
22. wörtlich: »an ihnen kleben bleibt«; hier: sich mit ihnen (den Juden) einläßt.
23. gründlich erwogen.
24. wohl Friedrich I. von Zollern (geb. 1371); 1415–40 Markgraf und Kurfürst von Brandenburg; als Friedrich IV. Burggraf von Nürnberg.
25. inständiges Bitten und Flehen.
26. zuvor.
27. das seiner fürstlichen Gnade eingegeben (wörtlich: »eingeprägt«) hat.
28. (Sie) hat damit ihr Herz zur Ruhe gebracht.
29. belohnen.
30. allesamt, ausnahmslos.

Hat yderman die widergeben
An aln gesuch[31], desgleich darneben
Das unzifer vertriben gar.
Nun nempt der sum irs wuchers war[32]:
Zwir hundert tausent gülden was
Der haubetsum[33], und über das
Man zwenundsibenczg tausent vint,
Die ein jar darauff gangen sint.
Die het der fürst von jüden par
Hart auffzuheben[34] in eim jar.
Desgleichen hör ich künden mer[35],
Wie unser geistlich prelat und her,
Her Philip pischoff von Bamperg[36],
Auch hab getan ein götlich werck
Der jüden halb und die vertriben,
Ewig verpant und außgeschriben[37].
Preis, lob, danck, rum, ewigen lan[38]
Wirt er von aller welt des han
Und dort pei got ewige eer.
Noch eins darpei zu künden mer:
So schaft ein jüd in einer stat
Vil grössern schaden und unrat
Wan[39] irn ein wolff in eim schofstal.
Wiewol er sie erwürget all,
Gert er doch neür der leib alein,
Der jüd leib, sel und eer gemein,
Gut, hab und alls, das der crist hot,
Zu fürn in schand, laster und not

31. ohne jeglichen Zins.
32. *nempt … war:* gebt acht auf.
33. Hauptbetrag.
34. mit Strenge zu erheben.
35. ferner, weiterhin.
36. Philipp Graf von Henneberg, Bischof von Bamberg 1475–87; ließ 1478 die Juden aus Bamberg austreiben.
37. verjagt.
38. Lohn.
39. als.

Mit manchem unmenschlichen sunt[40],
On wie sie unsern kinden thunt[41].
Begern darpei auch über das,
Allen kristen zu neid und has
Als gelt[42] zu han in irm gewalt,
Auff das der crist kein aufenthalt
Mer het und müst in grunt verderben.
Was sie dan unser sel halb werben[43],
Do secht den schweren fluch in an,
Der teglich über uns wirt getan,
Den ich hernach sag von den schelken[44],
Und wy dy pluthunt saugen und melcken
Der armen cristen plut und schweiß,
Dovon ich auch noch etwan weiß,
Das kurcz muß kumen an das licht.
Den got, der in all herczen sicht,
Wil ich darin zu hilffe nemen
Und noch die buben[45] so beschemen[46]
In manchen heimlichen artickeln[47],
Darein vil cristen sich verwickeln,
Den es dort allen wirt zu schwer.
Also spricht Hans Folcz barbirer.

40. Sünde.
41. ganz zu schweigen davon, was sie unseren Kindern antun (Anspielung auf die angebliche Ritualmordpraxis der Juden).
42. alles Geld.
43. was sie um unserer Seele willen ins Werk setzen.
44. arglistige Menschen, Bösewichte.
45. Schurken, Taugenichtse.
46. anklagen, beschimpfen.
47. (Klage-)Punkte.

2. *Unbekannter Verfasser: Unglaublicher Vorfall*

Wie sehr der Haß auf die jüdische Minderheit den Christen ihrerseits einen unkontrollierten Gegenhaß glaubwürdig und wahrscheinlich machte, demonstriert eindringlich der nachfolgende quasi-dokumentarische Text, der am Vorabend der Reformation gedruckt und verbreitet wurde. Durch die »ehrlichen Beichten« getaufter Juden und durch agitatorische Passionspredigten verängstigt, hatte die christliche Bevölkerungsmehrheit selbst für die abenteuerlichsten Greuelgeschichten über jüdische Rachsucht ein offenes Ohr. »Zu bedenken ist«, so kommentiert der Herausgeber und Übersetzer der Druckschrift, daß es sich dabei »keineswegs um ›Schund- und Schmutzliteratur‹ aus einer finsteren Provinzpresse [handelt], sondern um ›seriöse‹, durch Genauigkeit im Detail überzeugend wirkende Berichterstattung im Stil zuständiger Ermittlungsbehörden, veröffentlicht vom Nürnberger Druckhaus Hieronymus Höltzel, einem wissenschaftlich ausgewiesenen und politisch progressiven Verlag im Dienste des Humanismus und später der Reformation.«

Juden aus der Mark Brandenburg kaufen und foltern den Leib Christi im Jahre des Herren 1510

Veröffentlicht wird hier, was bislang im Jahre 1510 nur einer Minderzahl bekannt war. Folgendes hat sich um 11 Uhr nachts am Mittwoch nach Mariä Lichtmeß* ereignet: Paul Fromm, ein »böser Christ«** und Pommer von Geburt, ansässig in Bernau***, Kesselflicker, als Mörder bekannt, hat sich vom Teufel verleiten lassen, in der Kirche von Knob-

* Mariä Lichtmeß oder Fest der Reinigung Mariens. Volkstümliche Bezeichnung für das Fest der Darstellung des Herrn; 2. Februar.

** Der Begriff »böser Christ« entstammt der Rechtssprache. Ein böser Christ ist derjenige, der sich aus verbrecherischem Trieb an der christlichen Religion vergeht. »Böse Christen« werden mit Tod durch Verbrennen bestraft. Siehe im »Sachsenspiegel« Lib. II,13 § 7.

*** Bernau, etwa 20 km nordöstlich von Berlin, wurde zu Beginn des 13. Jahrhunderts vom Markgrafen von Brandenburg gegründet.

lauch*, Brandenburg, das Tabernakel** auf dem Altar aufzubrechen, daraus einen vergoldeten Behälter mit zwei ungleich großen, bereits konsekrierten Hostien und eine vergoldete Monstranz*** aus Kupfer zu stehlen.
Als er des folgenden Tags gegen 8 Uhr morgens in der Nähe von Staaken**** sich auf einen Stein setzte, um seinen Fang zu besichtigen, hat er die größere Hostie in unwürdiger Weise mißbraucht. Schlagartig wurde es um ihn pechschwarz, so daß er länger als eine halbe Stunde weder aufstehen noch sich bewegen konnte. Danach ist er nach Spandau gezogen (zwei Meilen von Berlin entfernt in Richtung Brandenburg, wo Havel und Spree zusammenfließen) und hat dort einem Juden namens Salomon die Monstranz zum Kauf angeboten. Salomon antwortete: »Wo die gewesen, ist mehr gewesen.« Darauf hat der böse Christ die andere Hostie aus der Brusttasche gezogen und 16 Groschen verlangt. Salomon hat fünf geboten, auf neun märkische Groschen, umgerechnet sechs Silbergroschen, hat man sich geeinigt.
Anschließend ist der Gottesverkäufer ins Wendische***** gezogen, wollte dort aber nicht bleiben und ist nach Hause zurückgekehrt, ungeachtet der Warnung, daß sein gewissenloser Diebstahl bereits ruchbar geworden war. Dort hat er die Monstranz aus seinem Haus heraus über die Stadtmauer geworfen, die aber dank Gottes Vorsehung an einem Baum hängengeblieben ist. Gefunden hat sie dort der Bürgermeister von Bernau, der den bereits verdächtigen Mann gefangennehmen ließ. Ohne Folter hat er sofort gestanden.
Salomon hatte inzwischen die Hostie auf die Kante eines

* Gemeint ist das Dorf Knoblauch/Osthavelland, etwa 35 km westlich von Berlin, unweit von Eltzin.

** Ursprünglich zur Eucharistiefeier gehöriger Kelch, der zur Aufbewahrung der konsekrierten Hostien dient; hier ist jedoch das Tabernakel oder Sakramentshäuschen gemeint, das verschließbare Gehäuse im Altarraum, das zur Aufbewahrung des Allerheiligsten dient.

*** Liturgisches Gefäß für die Darstellung der konsekrierten Hostie zur eucharistischen Verehrung in Andacht und Prozession.

**** Staaken, unweit von Spandau; die Wegstrecke zwischen Staaken und Knoblauch beträgt ungefähr 20 km.

***** Gemeint ist wohl die Gegend des Spreewaldes.

Tisches gelegt, aus angeborenem jüdischen Haß mehrmals auf sie eingeschlagen und in sie gestochen und dennoch den Herrnleib nicht verwunden können. Endlich geriet er so außer sich vor Wut, daß er neben anderen Flüchen laut schrie: »Bist du der Christengott, dann in tausend Teufels Namen zeige dich!« In dem Moment hat sich von diesem Stich der heilige Leib Christi wunderbarerweise in drei Teile geteilt, und zwar genauso, wie ihn der Priester bricht – mit der Folge, daß die Bruchstellen blutfarben wurden. Vier Wochen lang hat der Jude die drei Teile der Hostie mit sich herumgetragen.

Bereits ein halbes Jahr zuvor hatte Salomon mit dem brandenburgischen Juden Jakob und Markus, Jude zu Stendal*, abgemacht, daß derjenige, der eine Hostie ergattern könne, den zwei anderen je einen Teil zukommen lassen sollte. Somit hat nun Salomon je einen Teil der Hostie, gut verpackt in einer mit sämischem Leder überzogenen Dose, unter eigenem Absender und Siegel durch seinen Sohn dem Jakob in Brandenburg und dem Markus in Stendal überbringen lassen.

In das dritte, eigene Stück Hostie hat er nochmals hereingeschlagen und gestochen, so lange, bis Blut herausfloß. An diesem Teil hat er sich zu vergehen gesucht, ihn ertränken, verbrennen und auf manche andere Weise umbringen wollen – alles war ihm unmöglich; schließlich kam es ihm, die Hostie in einen Mazzenteig** zu verkneten und zum jüdischen Osterfest in den Backofen zu werfen. Und obgleich es in diesem Ofen stockfinster war, so hat er doch urplötzlich – laut eigenem Geständnis – einen hellen Lichtschein gesehen und oberhalb des Brotes schwebend ein schönes kleines Kind von Daumeslänge zweimal wahrgenommen. Wiewohl er durch dieses Wundergeschehen tief erschrocken, das Christengefängnis bereits vor Augen, flüchten wollte, erwies es sich ihm als gänzlich unmöglich, sich von der Stelle zu rühren und Spandau zu entfliehen.

* Stendal im Bezirk Magdeburg, reichste Stadt der Mark Brandenburg bis 1488.
** Mazzen, das jüdische Passahbrot aus Weizenmehl und Wasser ohne Zusatz von Sauerteig.

Den zweiten Hostienteil hat Markus, der Jude zu Stendal, mit all den Seinen ebenfalls zu foltern sich unterstanden und nach Braunschweig, gemäß anderen Aussagen nach Frankfurt am Main, geschickt.
Gleichfalls hat Jakob zu Brandenburg den dritten Hostienteil auf den Tisch gelegt, darauf geschlagen und gestochen, so daß man die gnadenreichen Blutstropfen auf dem Tisch sah. Da er das Blut weder abwaschen noch wegkratzen konnte, hat er den blutbespritzten Holzspan aus dem Tisch herausgeschlagen und ihn samt Hostie nach Osterburg* gebracht. Dort hat ein vermögender Jude namens Mayr die Hostie seinem Sohn Isaak gegeben, der das heilige Sakrament in einer Schale seiner Braut mit folgenden Worten ans Hochzeitsbett getragen hat: Sie solle sich recht freuen und hochgeehrt achten, er bringe ihr den Gott der Christen.
Noch während des Hochzeitsmahls haben die Feinde Christi ihre Hostie nochmals gemartert und Isaak kam als Bräutigam die Ehre zu, ihr den ersten Stich zu versetzen. Auch diese Hostie soll nach Braunschweig gelangt sein, wo denn jetzt alle dortigen Juden gefangensitzen. Die Hostie aber und der blutbefleckte Tisch samt Holzspan sind nach Berlin überführt. Dort ist das Wunder geschehen, daß die Hostie, wieder Brot geworden, zerbröckelte und langsam verging.
Die verstockten, blinden Hunde haben im Gefängnis gleichfalls gestanden, daß sie innerhalb weniger Jahre sieben Christenkinder gekauft haben, eins für 24 Groschen von seiner eigenen Mutter, einer Bäuerin, ein anderes für drei Gulden und ein weiteres für zehn. Diese Kinder haben sie mit Nadeln und Messern gestochen, gemartert und schließlich getötet. Dann haben sie das Blut mit Granatäpfeln angerichtet und zum Essen gebraucht.
Deshalb hat seine Durchlaucht, der hochgeborene Kurfürst, Markgraf Joachim von Brandenburg,** am Freitag nach dem 15. Juli*** zu Berlin die Verbrecher zum Tode verurteilt und

* Osterburg/Altmark im Bezirk Magdeburg, Stadtrecht 1296.
** Geboren am 21. 2. 1484, gestorben am 2. 7. 1535.
*** Fest der Apostelteilung.

ihre Habe für konfisziert erklärt. Der Christ, Paul Fromm, sollte mit Zangen zerrissen und auf einem gesonderten Scheiterhaufen verbrannt werden. Anschließend sollten 38 Juden, am Hals angeschmiedet, zu Asche verbrannt werden.
Und – man glaubt es nicht, wenn man es nicht selbst gesehen hat – diese verstockten Juden haben lachenden Mundes das Urteil angehört und sich lobsingend abführen lassen. Einmal auf dem Scheiterhaufen, haben sie nicht nur gesungen und gelacht, sondern zum Teil auch getanzt und gejubelt, die gefesselten Hände hochgereckt, das Stroh zerrieben und in den Mund gesteckt. Ohne Rücksicht auf die offenbaren Wunderzeichen haben sie mit großer Standhaftigkeit den Tod erlitten, wahrlich zum Schrecken wankelmütiger Christen.
Von den genannten Juden hat sich besagter Jakob mit zwei anderen taufen lassen. Jakob, als Getaufter nun Jörg genannt, und der eine von den beiden sind, am folgenden Tag enthauptet, dann als Christen gestorben. Dem dritten, einem Augenarzt, hat man auf seine Bitte hin gestattet, in das Graue Kloster nach Berlin* zu gehen, weil er sich allein an Kindern schuldig gemacht hatte.
Fast 60 Juden leben noch in Berlin, ohne von diesen Vorgängen Kenntnis zu haben. Es heißt, man werde sie, wie recht und billig, abermals des Landes verweisen.

Gedruckt zu Nürnberg
von Hieronymus Höltzel

* Das »Grawe Closter zu Berlin«, ein Franziskanerkloster, erstmals erwähnt 1250, wurde 1540 aufgehoben. Ein Teil der Gebäude diente seit 1574 als Schule, berühmt geworden unter dem späteren Namen »Gymnasium zum Grauen Kloster«.

3. Hermann Bote: Die 35. Historie sagt, wie Eulenspiegel die Juden in Frankfurt am Main um tausend Gulden betrog, indem er ihnen seinen Dreck als Prophetenbeere verkaufte

Das sogenannte »Volksbuch« von Till Eulenspiegel, als dessen Verfasser 1971 der Braunschweiger Zollschreiber Hermann Bote identifiziert werden konnte, ist über weite Strecken derb-komische Ständesatire. Bote führt seinen schalkhaften Helden mit Vertretern nahezu aller Volksschichten zusammen: In pointiert erzählten Schwänken werden die Laster und Torheiten von Bauern und Handwerkern, von Kaufleuten, Geistlichen und Adligen bloßgelegt und der Lächerlichkeit preisgegeben – freilich nicht nur zur Erheiterung des zeitgenössischen Publikums, sondern in durchaus therapeutischer Absicht auch zu dessen Selbsterkenntnis und Belehrung. Juden treten einzig in der 35. Historie auf, die fast wörtlich auf einem Reimpaarspruch beruht, den Hans Folz (vgl. Text 1) unter dem Titel »Die Wahrsagebeeren« bereits 1479 veröffentlicht hat. Daß der Autor des Eulenspiegelbuches auf diese Vorlage zurückgreift, kann als Zeichen für die ungebrochene Beliebtheit antijüdischer Erzählstoffe gelten: Auch Bote konnte bei seinem Publikum mit einer sicheren Resonanz rechnen.

Niemand soll betrübt sein, wenn den listigen Juden ein Auge zugehalten wird*. Als Eulenspiegel von Rom kam, reiste er nach Frankfurt am Main. Dort war gerade Messezeit. Eulenspiegel ging hin und her und sah, welches Kaufmannsgut jeder feilbot. Da gewahrte er einen jungen, starken Mann, der trug gute Kleider und hatte einen kleinen Krämerstand mit Bisam** aus Alexandria, den er über die Maßen teuer anbot. Da dachte Eulenspiegel: Ich bin auch ein fauler, starker Kerl,

* bildliche Redensart für betrügen.
** Mit Bisam wird der Duftstoff des salbenähnlichen Drüsensekrets männlicher Moschustiere bezeichnet. In früherer Zeit als Arznei- und Parfummittel verwandt; heute nur noch in der Parfumherstellung gebraucht.

der nicht gerne arbeitet; könnte ich mich auch so leicht ernähren wie dieser, so gefiele mir das wohl.
Des Nachts lag er schlaflos und dachte über seinen Nahrungserwerb nach. Da biß ihn ein Floh in den Hintern. Nach dem grappelte er eilig und fand etliche Knötlein im Hintern. Da dachte er: das müssen die kleinen Dinger sein, die man Lexulvander«* nennt, von denen der Bisam herkommt. Als er des Morgens aufgestanden war, kaufte er grauen und roten Zendel** und band die Knötlein darein. Er besorgte sich eine Bank, wie sie die Krämer zu haben pflegen, kaufte sich andere Spezereien hinzu und stellte sich mit seinem Kram vor dem Römer*** auf. Da kamen viele Leute zu ihm, besahen seine seltsamen Waren und fragten ihn, was er Sonderbares feilböte. Denn es war eine merkwürdige Kaufmannsware: sie war in einem Bündel gebunden, wie Bisam, und roch gar sonderbar. Aber Eulenspiegel gab niemandem rechten Bescheid über sein Kaufmannsgut, bis drei reiche Juden zu ihm kamen und nach seiner Ware fragten. Denen gab er zur Antwort, es seien echte Prophetenbeeren. Wer eine davon in den Mund nähme und danach in die Nase stecke, der könne von Stund an wahrsagen. Da gingen die Juden beiseite und beratschlagten eine Weile unter sich. Zuletzt sprach der alte Jude: »Damit könnten wir wohl weissagen, wann unser Messias kommt, was uns Juden ein nicht kleiner Trost wäre.« Und sie beschlossen, daß sie die Ware kaufen wollten, wieviel sie auch dafür geben müßten.
Also gingen sie wieder zu Eulenspiegel und sprachen: »Kaufherr, was soll, mit einem Wort gesagt, eine Prophetenbeere kosten?« Eulenspiegel bedachte sich kurz: Fürwahr, wenn ich Ware habe, beschert mir unser Herrgott auch Käufer; den Juden dient diese Kost wohl. Und er sagte: »Ich gebe eine für tausend Gulden. Wenn ihr die nicht geben wollt, ihr Hunde, so geht nur hinweg und laßt mir den Dreck stehn.« Um

* derber Ausdruck, etwa »Leck-selbander« (mit Anspielung auf scharfen Geruch).
** leichter Seidenstoff, eine Art Taft.
*** Name des Rathauses in Frankfurt a. Main (erbaut im 14. Jh.).

Eulenspiegel nicht zu erzürnen und seine Ware zu bekommen, zahlten sie ihm sogleich das Geld und nahmen eine der Beeren. Eilends gingen sie damit nach Hause und ließen alle Juden, alt und jung, zusammenrufen.*
Als sie beisammen waren, stand der älteste Rabbi auf, genannt Alpha, und erzählte, wie sie durch den Willen Gottes eine Prophetenbeere bekommen hätten. Die sollte einer von ihnen in den Mund nehmen und dann die Ankunft des Messias verkündigen, damit ihnen Heil und Trost davon komme. Sie alle sollten sich darauf vorbereiten mit Fasten und Beten. Und nach drei Tagen sollte Isaak die Beere mit großer Feierlichkeit einnehmen.
Das geschah also. Als er sie im Munde hatte, fragte ihn Moses: »Lieber Isaak, wie schmeckt es denn? »Gottes Diener, wir sind von dem Goi** betrogen, es ist nichts anderes als Menschendreck.« Da rochen sie alle so lange an der Prophetenbeere, bis sie das Holz erkannten, auf dem die Beere gewachsen war.
Aber Eulenspiegel war hinweg und schlemmte tüchtig, solange das Geld der Juden reichte.

4. *Jacob und Wilhelm Grimm: Der Jude im Dorn*

Es war einmal ein reicher Mann, der hatte einen Knecht, der diente ihm fleißig und redlich, war alle Morgen der erste aus dem Bett und abends der letzte hinein, und wenn's eine saure Arbeit gab, wo keiner anpacken wollte, so stellte er sich immer zuerst daran. Dabei klagte er nicht, sondern war mit allem zufrieden und war immer lustig. Als sein Jahr herum war, gab ihm der Herr keinen Lohn und dachte: »Das ist das Gescheitste, so spare ich etwas, und er geht mir nicht weg, sondern bleibt hübsch im Dienst.« Der Knecht schwieg auch still, tat das zweite Jahr wie das erste seine Arbeit, und als er

* wohl in der Synagoge.
** neuhebräisch, Nichtjude.

am Ende desselben abermals keinen Lohn bekam, ließ er sich's gefallen und blieb noch länger. Als auch das dritte Jahr herum war, bedachte sich der Herr, griff in die Tasche, holte aber nichts heraus. Da fing der Knecht endlich an und sprach: »Herr, ich habe Euch drei Jahre redlich gedient, seid so gut und gebt mir, was mir von Rechts wegen zukommt: ich wollte fort und mich gerne weiter in der Welt umsehen.« Da antwortete der Geizhals: »Ja, mein lieber Knecht, du hast mir unverdrossen gedient, dafür sollst du mildiglich belohnet werden«, griff abermals in die Tasche und zählte dem Knecht drei Heller einzeln auf, »da hast du für jedes Jahr einen Heller, das ist ein großer und reichlicher Lohn, wie du ihn bei wenigen Herrn empfangen hättest.« Der gute Knecht, der vom Geld wenig verstand, strich sein Kapital ein und dachte: »Nun hast du vollauf in der Tasche, was willst du sorgen und dich mit schwerer Arbeit länger plagen.«

Da zog er fort, bergauf, bergab, sang und sprang nach Herzenslust. Nun trug es sich zu, als er an ein[em] Buschwerk vorüberkam, daß ein kleines Männchen hervortrat und ihn anrief: »Wo hinaus, Bruder Lustig? Ich sehe, du trägst nicht schwer an deinen Sorgen.« »Was soll ich traurig sein«, antwortete der Knecht, »ich habe vollauf, der Lohn von drei Jahren klingelt in meiner Tasche.« »Wieviel ist denn deines Schatzes?« fragte ihn das Männchen. »Wieviel? Drei bare Heller, richtig gezählt.« »Höre«, sagte der Zwerg, »ich bin ein armer, bedürftiger Mann, schenke mir deine drei Heller: ich kann nichts mehr arbeiten, du aber bist jung und kannst dir dein Brot leicht verdienen.« Und weil der Knecht ein gutes Herz hatte und Mitleid mit dem Männchen fühlte, so reichte er ihm seine drei Heller und sprach: »In Gottes Namen, es wird mir doch nicht fehlen.« Da sprach das Männchen: »Weil ich dein gutes Herz sehe, so gewähre ich dir drei Wünsche, für jeden Heller einen, die sollen dir in Erfüllung gehen.« »Aha«, sprach der Knecht, »du bist einer, der blau pfeifen kann. Wohlan, wenn's doch sein soll, so wünsche ich mir erstlich ein Vogelrohr, das alles trifft, wonach ich ziele; zweitens eine Fidel, wenn ich darauf streiche, so muß alles tanzen, was den Klang hört; und drittens, wenn ich an jemand eine Bitte tue, so darf er sie nicht abschlagen.« »Das sollst du alles haben«, sprach das Männchen, griff in den Busch, und, denk einer, da lag schon Fidel und Vogelrohr in Bereitschaft, als wenn sie bestellt wären. Er gab sie dem Knecht und sprach: »Was du dir immer erbitten wirst, kein Mensch auf der Welt soll dir's abschlagen.«

»Herz, was begehrst du nun?« sprach der Knecht zu sich selber und zog lustig weiter. Bald darauf begegnete er einem Juden mit einem langen Ziegenbart, der stand und horchte auf den Gesang eines Vogels, der hoch oben in der Spitze eines Baumes saß. »Gottes Wunder!« rief er aus. »So ein kleines Tier hat so eine grausam mächtige Stimme! Wenn's doch mein wäre! Wer ihm doch Salz auf den Schwanz streuen könnte!« »Wenn's weiter nichts ist«, sprach der Knecht, »der Vogel soll bald herunter sein«, legte an und traf aufs Haar, und der Vogel fiel herab in die Dornhecken. »Geh, Spitzbub«, sagte er zum Juden, »und hol dir den Vogel heraus.« »Mein«, sprach der Jude, »laß der Herr den Bub weg, so kommt ein Hund gelaufen; ich will mir den Vogel auflesen, weil Ihr ihn doch einmal getroffen habt«, legte sich auf die Erde und fing an, sich in den Busch hineinzuarbeiten. Wie er nun mitten in dem Dorn steckte, plagte der Mutwille den guten Knecht, daß er seine Fidel abnahm und anfing zu geigen. Gleich fing auch der Jude an, die Beine zu heben und in die Höhe zu springen; und je mehr der Knecht strich, desto besser ging der Tanz. Aber die Dörner zerrissen ihm den schäbigen Rock, kämmten ihm den Ziegenbart und stachen und zwickten ihn am ganzen Leib. »Mein«, rief der Jude, »was soll mir das Geigen! Laß der Herr das Geigen, ich begehre nicht zu tanzen.« Aber der Knecht hörte nicht darauf und dachte: »Du hast die Leute genug geschunden, nun soll dir's die Dornhecke nicht besser machen«, und fing von neuem an zu geigen, daß der Jude immer höher aufspringen mußte und die Fetzen von seinem Rock an den Stacheln hängenblieben. »Au weih geschrien!« rief der Jude. »Geb ich doch dem Herrn, was Er verlangt, wenn Er nur das Geigen läßt, einen ganzen Beutel mit Gold.« »Wenn du so spendabel bist«, sprach der Knecht, »so will ich wohl mit meiner Musik aufhören, aber

das muß ich dir nachrühmen, du machst deinen Tanz noch mit, daß es eine Art hat«, nahm darauf den Beutel und ging seiner Wege.
Der Jude blieb stehen und sah ihm nach und war still, bis der Knecht weit weg und ihm ganz aus den Augen war, dann schrie er aus Leibeskräften: »Du miserabler Musikant, du Bierfiedler: wart, wenn ich dich allein erwische! Ich will dich jagen, daß du die Schuhsohlen verlieren sollst: du Lump, steck einen Groschen ins Maul, daß du sechs Heller wert bist«, und schimpfte weiter, was er nur losbringen konnte. Und als er sich damit etwas zugute getan und Luft gemacht hatte, lief er in die Stadt zum Richter. »Herr Richter, au weih geschrien! Seht, wie mich auf offener Landstraße ein gottloser Mensch beraubt und übel zugerichtet hat: ein Stein auf dem Erdboden möcht' sich erbarmen. Die Kleider zerfetzt! Der Leib zerstochen und zerkratzt! Mein bißchen Armut samt dem Beutel genommen! Lauter Dukaten, ein Stück schöner als das andere: um Gottes willen, laßt den Menschen ins Gefängnis werfen.« Sprach der Richter: »War's ein Soldat, der dich mit seinem Säbel so zugerichtet hat?« »Gott bewahr!« sagte der Jude. »Einen nackten Degen hat er nicht gehabt, aber ein Rohr hat er gehabt auf dem Buckel hängen und eine Geige am Hals; der Bösewicht ist leicht zu erkennen.« Der Richter schickte seine Leute nach ihm aus, die fanden den guten Knecht, der ganz langsam weitergezogen war, und fanden auch den Beutel mit dem Gold bei ihm. Als er vor Gericht gestellt wurde, sagte er: »Ich habe den Juden nicht angerührt und ihm das Geld nicht genommen, er hat mir's aus freien Stücken angeboten, damit ich nur aufhörte zu geigen, weil er meine Musik nicht vertragen konnte.« »Gott bewahr!« schrie der Jude. »Der greift die Lügen wie Fliegen an der Wand.« Aber der Richter glaubte es auch nicht und sprach: »Das ist eine schlechte Entschuldigung, das tut kein Jude«, und verurteilte den guten Knecht, weil er auf offener Straße einen Raub begangen hätte, zum Galgen. Als er aber abgeführt ward, schrie ihm noch der Jude zu: »Du Bärenhäuter, du Hundemusikant, jetzt kriegst du deinen wohlverdienten Lohn.« Der

Knecht stieg ganz ruhig mit dem Henker die Leiter hinauf, auf der letzten Sprosse aber drehte er sich um und sprach zum Richter: »Gewährt mir noch eine Bitte, eh ich sterbe.« »Ja«, sprach der Richter, »wenn du nicht um dein Leben bittest.« »Nicht ums Leben«, antwortete der Knecht, »ich bitte, laßt mich zu guter Letzt noch einmal auf meiner Geige spielen.« Der Jude erhob ein Zetergeschrei: »Um Gottes willen, erlaubt's nicht, erlaubt's nicht.« Allein der Richter sprach: »Warum soll ich ihm die kurze Freude nicht gönnen: es ist ihm zugestanden, und dabei soll es sein Bewenden haben.« Auch konnte er es ihm nicht abschlagen wegen der Gabe, die dem Knecht verliehen war. Der Jude aber rief: »Au weih, au weih! Bindet mich an, bindet mich fest.« Da nahm der gute Knecht seine Geige vom Hals, legte sie zurecht, und wie er den ersten Strich tat, fing alles an zu wabern und zu wanken, der Richter, die Schreiber und die Gerichtsdiener; und der Strick fiel dem aus der Hand, der den Juden festbinden wollte; beim zweiten Strich hoben alle die Beine, und der Henker ließ den guten Knecht los und machte sich zum Tanze fertig; bei dem dritten Strich sprang alles in die Höhe und fing an zu tanzen, und der Richter und der Jude waren vorn und sprangen am besten. Bald tanzte alles mit, was auf den Markt aus Neugierde herbeigekommen war, alte und junge, dicke und magere Leute untereinander; sogar die Hunde, die mitgelaufen waren, setzten sich auf die Hinterfüße und hüpften mit. Und je länger er spielte, desto höher sprangen die Tänzer, daß sie sich einander an die Köpfe stießen und anfingen, jämmerlich zu schreien. Endlich rief der Richter ganz außer Atem: »Ich schenke dir dein Leben, höre nur auf zu geigen.« Der gute Knecht ließ sich bewegen, setzte die Geige ab, hing sie wieder um den Hals und stieg die Leiter herab. Da trat er zu dem Juden, der auf der Erde lag und nach Atem schnappte, und sagte: »Spitzbube, jetzt gesteh, wo du das Geld her hast, oder ich nehme meine Geige vom Hals und fange wieder an zu spielen.« »Ich hab's gestohlen, ich hab's gestohlen«, schrie er, »du aber hast's redlich verdient.« Da ließ der Richter den Juden zum Galgen führen und als einen Dieb aufhängen.

5. Karl Boromäus Alexander Sessa: Der alte und der junge Jude

»Die Judenschule« (später »Unser Verkehr«, Uraufführung 1813 in Breslau), aus der der folgende Text stammt, ist eine Posse des Breslauer Arztes Karl Boromäus Alexander Sessa, in der die Juden einer grob karikierenden Darstellung unterworfen werden.
Der Trödeljude Abraham Hirsch schickt seinen Sohn Jakob in die Welt, wo er das »Geschäft« lernen soll. Jakob fühlt sich jedoch zu Höherem berufen, er hält sich für einen Dichter und Sänger und hofft, seine frühere Spielkameradin, die inzwischen zum Christentum übergetretene Tochter des reichen Herrn Polckwitzer, Libche, jetzt Lydie, heiraten zu können. Trotz seiner Aufdringlichkeit bleibt er von ihr unbeachtet, bis ihm der Zufall zu Hilfe kommt: er erhält die Nachricht, das große Los gewonnen zu haben, und prompt wird ihm nun von Polckwitzer persönlich die Hand seiner Tochter angetragen. Als sich jedoch herausstellt, daß es sich um einen Irrtum gehandelt und ein anderer Jude das Los gewonnen hat, fällt Jakob in die Bedeutungslosigkeit zurück und muß doch anfangen, das Schachern zu lernen.
Die Posse ist auf fast allen norddeutschen Bühnen offenbar mit Erfolg beim Publikum gespielt worden. Wegen der judenfeindlichen Tendenz wurde das Stück in einigen Städten (u. a. in Berlin) vorübergehend verboten.
Im folgenden ist der erste Auftritt der Posse, in dem Jakob von seinen Eltern verabschiedet wird, wiedergegeben. Der Text folgt der sprachlich vereinfachten, inhaltlich unveränderten Fassung von Karl Konrad (1936).

Abraham Hirsch, Rachel, Jakob, dieser mit einem Kleiderbündel reisefertig.

Jakob *(seiner Mutter die Hand drückend)*. Nu, Memme[48], bleibt gesund!

48. Mutter.

R a c h e l *(ihn umarmend).* Lange Jahre sollste leben!
J a k o b *(seufzend).* 's geht mer so zu Herzen!
R a c h e l *(schluchzend).* Mir auch! Wai geschrien![49]
B e i d e *(schluchzend).* Wai geschrien, wai, wai!
A b r a h a m. Nu, was is los? Was steht er, was schreit er? Was fangt er an 'n gewaltigen Spektakel auf öffentliche Straße? – Wenn der Sohn reisen soll, um Geld zu verdienen – nu, so wollen wer ihm glückliche Geschäfte auf'n Weg wünschen. Er soll finden blanke Taler und Lujedore[50], er soll sich in acht nehmen vor falsche Papiere und schofle[51] Ware! Reisen is ä Vergnügen; Geschäfte machen is ä graußes Vergnügen; Prozente nehmen is ä gar graußes Vergnügen.
J a k o b *(weinerlich).* Ja, Prozente! Haste gesehn? Aus nix wird nix!
A b r a h a m. Du! Was haste gesagt? Aus nix wird nix? Wai geschrien!
J a k o b. Wenn mer der Tate[52] hätt' gegeben ä paar hundert Taler ...
A b r a h a m. A paar hundert Taler! Wai geschrien!
J a k o b. Aber so – nich fuffzig, nich vierzig, nich dreißig, nich zwanzig – zehne hat er mer gegeben.
A b r a h a m. Was? Hab ich der nich gegeben noch ä Säckel mit falsche Groschen?
J a k o b. Ja – wer wird se nehmen?
A b r a h a m. Wer wird se nehmen? Wenn de se machst blank, kennt se kein Goi[53]! – Hab ich der nich gegeben ä Fuchspelz?
J a k o b. Mai, den haben de Ratten zerbissen und de Motten halb kahl genagt!
A b r a h a m. Hab ich der nich gegeben zwei Paar Hosen, ä Weste und 'n braunen Überzieher, den ich hab gestern

49. Wehe! Ausdruck der Bestürzung, häufig zur Kennzeichnung jüdischer Rede verwandt.
50. von »Louisdor«, französische Hauptgoldmünze im 17. und 18. Jahrhundert, verbreitete Handelsmünze.
51. minderwertig, schlecht.
52. Vater.
53. Nichtjude, Christ.

gehandelt von än Schlächter? Hab ich der nich gegeben ä Regenschirm? So a Ganneff[54]! Verschwarzen[55] sollste, wenn de sagst: aus nix werd nix! Gott hat gemacht de Welt – aus was? Aus nix! Jakob is geworden ä reicher Mann – aus was? Aus nix!

Jakob. Kunststück! Vor alte Zeiten is alles billig gewesen. Warum soll da de Welt nicht geschaffen sein aus nix?

Abraham. Hör zu, was schreiste? Haben wer nich vor Augen Exempel von insre Lait? De fangen an mit nix und hören auf mit Landgüter und Barone! Aber man muß auch haben'n Verstand dazu.

Rachel. Oder de Gewalt.

Abraham. Nu, se kimmt nach. Aber der Verstand is doch's erste! Wenn wer uns werden legen zur Ruh, wird kommen der Rabbi Abraham. Nu? wird er fragen, was haste gemacht auf der Welt? Biste gewesen fleißig? Da wern wer zeigen, was wer haben gemacht. Prozente, was wer genommen – Wechselche, was wer haben mit Profit gekauft – Gold, Juwelen, Geschmeide, was wer haben geschachert von de reiche Gois, und de Verdienste wern sein insre Verdienste, und der Gott Abrahams, Isaaks und Jakobs wird alles nehmen für sich und wird uns schreiben gute Quittungen. Aber de Goien werden habn nix und werden liegen und zähneklappern vor Angst und vor Begier nach'm Geld und de einträgliche Geschäfte.

Jakob. Der Tate is e graußer Schriftgelehrter. Ich bin gerührt.

Rachel. Er is gerührt!

Abraham. Biste gerührt?

Jakob. Soll mer Gott helfen, ich bin gerührt.

Abraham. Du mußt werden ä neier Mensch. Du mußt wandern aus Ägypten von de Fleischtöpfe der Memme. Du mußt ziehen in de Wieste, wo se der nich werden geben 'n Trunk Wasser fer umsonst. Du mußt sehn das gelobte Land von de reiche Gois. Du mußt der nehmen dein Erbteil

54. Dieb.
55. Unglück haben.

von ihn, wie de kannst, wenn de willst sein ä rechter Sproß vom Samen Israels.

Rachel *(die Hände faltend).* Der Segen Jakobs soll dich stärken dazu!

Jakob. Der Tate is ä graußer Redner, ä heller Kopf. Er hat mich erleucht durch und durch. Ich will doch werden ä neier Mensch.

Rachel *(gerührt).* Er will werden ä neier Mensch.

Abraham. Willste werden ä neier Mensch?

Jakob. Gott soll mer strafen, ich will werden ä neier Mensch.

Abraham. Du sollst verkrümmen[56], wenn's nich wahr is!

Rachel. Soll der wachsen Gras vor deine Tür, wenn de schwerst falsch.

Jakob. Ich will kriegen 'n Aussatz – ich will liegen wie Hiob auf'm Mist, ich will verderben neunundneunzigmal!

Abraham und Rachel *(machen Gebärden des Schrekkens).* Wai geschrien, wai!

Abraham. Es kimmt auf de Familie.

Jakob. Aber Tate –

Abraham. Was redste?

Jakob. Ich hab doch nur gekriegen zehn Taler. Wollt er mer nich noch geben zehne? Da hab ich zwanzig zum Anfang. – Seid so gütig!

Abraham *(zornig).* Zehn Taler? Hund! Was haste geschworen?

Jakob. Wenn er mer nich noch gebt de zehn Taler, will ich doch sein ä Hund, wenn ich halt mein Schwur!

Abraham. Wai geschrien, du Ganneff, du Spitzbub! Hör zu! Nu – komm her! Nu, ich will der doch noch geben fünf Taler Scheidemünze[57].

Jakob. Scheidemünze? Geh mer ab – hat das ä Wert?

Abraham. Wert? Du Lump, ich wer der geben 'n Fluch.

Jakob. Nun – was wollt er fluchen? Gebt mer doch lieber fünf Taler in Silber!

56. krumm werden, zum Krüppel werden.

57. Münze mit geringem Wert (unterwertig geprägt).

Abraham. Scheidemünze!

Jakob. Silber!

Abraham. Scheidemünze! Ich will der geben 'n Segen als Aufgeld.

Jakob *(rechnend)*. 78 Prozent Aufgeld steht de Scheidemünze – kommt auf 'n Segen 22.

Abraham. Nu, liebe Seele?

Jakob. Tate, 's geht nix. Ihr setzt 'n Segen zu hoch in Kurs. Hört, gebt mer fünf Taler gekürzt, fers andre 'n Segen!

Abraham. Nu, was will ich machen? – 's is der Sohn, Blut von mein Blut. – Ich will's doch geben.

(Zählt ihm das Geld seufzend auf.)

Jakob *(küßt ihm die Hand)*. Der Tate is der großmütigste Mann. – Ihr habt 'n Segen vergessen, Tate!

Abraham *(legt ihm die Hände aufs Haupt und spricht einen hebräischen Segen)*.

Jakob. Nu bleibt gesund.

(Will gehen.)

Abraham. Halt, was rennste? – Wirste rennen mit's Geld im Unglück? – Wirste vertun den sauren Schweiß deiner Eltern?

Jakob. Ich soll doch gehn! Was halt er mich auf?

Abraham. Ich will der geben Lehren auf'n Weg. – Gott, das scheene Geld, was er hat mitgenommen! – Wenn de gehst und kommst nich wieder 99mal schwerer – ich will der spein im Angesicht. – Geh! geh! Laß dich treten von de Lait, laß dich werfen aus de Stuben, laß dich verklagen bei de Gerichte, laß dich setzen ins Hundeloch, laß dich binden mit Stricke und Ketten, laß dich peitschen, laß dich martern halbtot. Aber *(drohend)* du mußt doch werden reich!

(Mit Rachel ab.)

Jakob *(allein)*. Was soll ich tun? Ich will doch werden reich, bald, in kurze Zeit. *(Nachsinnend.)* Ä Kaufmann handelt mit seine Ware, ä Genie mit seine Talente. Ich hab doch Talente, ich bin ä Genie – ich bin nich geboren zum Handel! *(Wirft das Bündel verächtlich beiseite.)* Den braunen

Überzieher her und 'n Fuchspelz, de Hosen und de Weste und 'n Regenschirm will ich werfen beiseit. *(Er streicht die Haare und putzt an sich herum.)* Ich will werfen den Jüd beiseit, ich bin doch aufgeklärt – ich hab doch gar nix Jüdisches an mer! *(Es fällt ihm ein Säckchen aus dem Busen.)* De falschen Groschen! Soll ich se auch werfen weg? – Nu, 's doch auch Geld – gut ins Theater, ins Kenzert, zur Torsperre. *(Hebt es auf und steckt es ein.)* Nu bin ich fertig! *(Er besieht sich in einem Taschenspiegel.)* Hm, 'ne sprechende Physeognomie, ä schlauer Blick – ich wer machen ne scheene Figur, ich wer gefallen dem scheenen Geschlecht. – Wenn ich wer kommen so – *(Er macht Bücklinge.)* Ich kann doch tanzen. – Wenn ich wer sprechen franzeesisch: Bon jour, Mademoiselle, à vos services, Monsieur! – Ich kann doch franzeesisch! – Wenn ich wer deklamieren *(deklamiert)*:

Lenore fuhr ins Morgenrot empor aus schwere Träume:
Lebst Wilhelm, oder biste tot? Wie lange willste säumen?
Er war mit König Friedrichs Schlacht gezogen in die Prager Macht
und hatte nich geschrieben, ob er gesund geblieben[58]

– ich kann doch auch deklamieren. – Wenn ich wer singen: »Bei Männer, welche Liebe fühlen«[59] – ich kann doch auch singen! – Ich wer doch noch auswendig lernen de Scheenwissenschaft gar geschwind und machen ä paar ländliche Gedichte und ä Biblethek von Trauerspiele in Verse – se wern mer verkaufen gestochen in Kupfer und littegraphiert in de Läden. – Was kannste verlangen mehr?

58. 1. Strophe der Ballade *Lenore* von Gottfried August Bürger (1747–94). Sie lautet im Original:

Lenore fuhr ums Morgenrot / Empor aus schweren Träumen: / »Bist untreu, Wilhelm, oder tot? / Wie lange willst du säumen?« – / Er war mit König Friedrichs Macht / Gezogen in die Prager Schlacht, / und hatte nicht geschrieben, / Ob er gesund geblieben.

59. Zitat aus der »Zauberflöte« von Emanuel Schikaneder und Wolfgang Amadeus Mozart (1. Aufzug, 14. Auftritt). Vollständig heißt es da: »Bei Männern, welche Liebe fühlen, fehlt auch ein gutes Herze nicht.«

6. *Franz Dingelstedt: Das Frankfurter Ghetto*

In seinem politischen Gedichtzyklus »Lieder eines kosmopolitischen Nachtwächters« (1841 anonym erschienen) entwirft Franz Dingelstedt ein kritisches Panorama der politischen Verhältnisse im vormärzlichen Deutschland und macht sich damit für kurze Zeit zu einem maßgeblichen Wortführer der liberal-republikanischen Opposition in der Restaurationszeit.
Im Hauptteil des Werkes, »Nachtwächters Weltgang«, beschreibt der reisende Nachtwächter an sieben »Stationen« die politische Wirklichkeit des Deutschen Bundes und beklagt und verspottet Rückständigkeit und kleinstaatliche Zerrissenheit.
Ausgangspunkt der Reise ist Frankfurt am Main, die alte Kaiserwahlstadt und – als Sitz der Bundesorgane – die damalige »Hauptstadt« Deutschlands. Dingelstedt vergegenwärtigt die politische Machtlosigkeit des Deutschen Bundes, indem er der politischen Bedeutungslosigkeit der Stadt ihre führende ökonomische Rolle als Messezentrum und Stützpunkt des europäischen Großkapitals gegenüberstellt. Dabei setzt er sich auch mit der Bedeutung des jüdischen Bankhauses Rothschild auseinander, das damals in Frankfurt seinen Stammsitz hatte. Vor dem Hintergrund des Rothschildschen Finanzimperiums beschreibt er das jüdische Ghetto in Frankfurt.

Aus kleinen Wurzeln sprossen starke Bäume,
Ein mächt'ger Strom entspringt aus dunklem Quell:
Dran mahnen diese unscheinbaren Räume,
Ehmals dein Zelt, erwähltes Israel!

Die Sonne dringt, des Mondes Leuchten nimmer
In jene Hütten voller Rauch und Schmutz,
Und nur der Sabbatslampe seltner Schimmer
Bestrahlt den innen streng versteckten Putz.

Wie dräuend-schwer die Giebel überhängen,
Von Dampf geschwärzt, von Alters Wucht gebeugt!
Wie sie zu Schutz und Trutz zusammendrängen,
Als hätte die Gewalt sie hergescheucht!

Aus niedren Pforten, wie aus Mördergruben,
Gähnt ew'ges Dunkel rätselhaft dich an,
Und schmale Stiegen klimmen auf in Stuben,
Durch deren Fenster nie ein Lichtstrahl rann.

Und stete Nässe in der engen Gasse,
Die krumm und winklicht ihres Weges schleicht,
Und vor den Türen hagre, scharfe, blasse
Gesichter, von der Leidenschaft gebleicht.

Das Judenviertel! – O Barbaren-Zeiten,
Da man ein Volk hier sklavisch eingezwängt,
Und da des Nachts am Tor, zu beiden Seiten,
Ein unerbittlich-ehern Schloß gehängt;

Da jeder von des Reiches Kammerknechten
Sein Judenzeichen samt der Kalle[60] trug,
Und da der Junkherr mit der kecken Rechten
Straflos in des Ebräers Antlitz schlug!

Sie sind dahin, die vielgeschmälten[61] Tage,
Das Blättlein hat schon leise sich gewandt,
Und Juda ringt uns unter ew'ger Klage
Listig das Heft aus ungeschickter Hand.

Emanzipiert, wie Ihr es einst verrammelt,
Dies zähe Volk, die Mode wechselt ja;
Es hat schon längst zu Haufen sich gesammelt
Und steht als Macht, Euch gegenüber, da.

60. Braut, Geliebte, Dirne.
61. *schmälen:* verringern, herabsetzen, schelten.

Den Landmann drängt es hart aus seinem Sitze,
Den Krämer scheucht es von dem Markte fort,
Und halb um Gold, und halb mit Sklavenwitze
Kauft es dem Zeitgeist ab sein Losungswort.

Wißt Ihr, wie tief sein Zauber schon gedrungen?
Schaut um, die ihr von Menschenrechten träumt;
Sie reden drein mit den metallnen Zungen,
Wo scheu der Christ verstummt und zagt und säumt.

Was kann dem Stamm Emanzipieren frommen,
Der nie vom Schacher sich emanzipiert?
Was Ihr ihm schenken wollt, hat er genommen,
Dieweil Ihr um Prinzipien disputiert!

Wohin Ihr faßt, Ihr werdet Juden fassen,
Allüberall das Lieblingsvolk des HErrn!
Geht, sperrt sie wieder in die alten Gassen,
Eh' sie Euch in ein Christenviertel sperrn!

7. Gustav Freytag: Veitel Itzig

In seinem Roman »Soll und Haben« (1855), der zu den erfolgreichsten und meistgelesenen Büchern des 19. Jahrhunderts gehört, entwirft Gustav Freytag ein breites Panorama des sozialen und politischen Lebens seiner Zeit, indem er drei Gesellschaftskreise gegenüberstellt: Bürgertum, Adel und Judenschaft. Allein das Bürgertum, repräsentiert durch den Kaufmannsstand, ist positiv dargestellt. Seinem Arbeitsethos, Fleiß und moralischem Ehrgefühl stehen die Frivolität, Unzuverlässigkeit und der Standesdünkel der Aristokratie sowie die Habgier und Gesetzlosigkeit eines mit den Juden identifizierten korrupten Handelsgeistes entgegen.
Freytag verdeutlicht diese soziale Typologie an den Lebensläufen zweier gegensätzlich charakterisierter junger Männer

aus dem schlesischen Ostrau: Der kleine Beamtensohn Anton Wohlfahrt verkörpert den tüchtigen deutschen Kaufmann. Er besteht alle beruflichen und persönlichen Prüfungen und steigt vom Lehrling zum Teilhaber des Breslauer Handelshauses Schröter auf. Anders sein Schulkamerad, der arme Jude Veitel Itzig: Ohne Moral und Ideale, getrieben von Ehrgeiz und Habgier, nutzt er seine Intelligenz nur dazu, die »richtigen« Geschäftsmethoden kennenzulernen. Er geht bei dem reichen jüdischen Makler Hirsch Ehrenthal in die Lehre und ist durchaus erfolgreich; durch Spekulation und gesetzwidrige, unmoralische Praktiken richtet er sich aber schließlich selbst zugrunde.
Der folgende Romanausschnitt schildert das erste Zusammentreffen der beiden Protagonisten auf dem Weg in die Stadt ihrer Handelslehre. Anton ist auf einer Rast durch den Anblick von Park und Schloß des Barons von Rothsattel wie verzaubert.

Anton sprang über den Rasen bis auf den erhöhten Weg und sah von dort auf das Wasser. Der Kahn landete an einer Baumgruppe, das Fräulein wandte sich noch einmal nach ihm um, dann verschwand sie hinter den Bäumen. Durch eine Öffnung des Parkes sah Anton das Schloß vor sich liegen, hoch und vornehm ragte es über die Ebene. Lustig flatterte die Fahne auf dem Türmchen, und kräftig glänzte im Sonnenschein das Grün der Schlingpflanzen, welche den braunen Stein der Mauern überzogen.
»So fest, so edel!« sagte Anton vor sich hin.
»Wenn du diesem Baron aufzählst hunderttausend Talerstücke, wird er dir noch nicht geben sein Gut, was er hat geerbt von seinem Vater«, sprach eine scharfe Stimme hinter Antons Rücken. Dieser wandte sich zornig um, das Zauberbild verschwand, er stand in dem Staube der großen Landstraße. Neben ihm lehnte an einem Weidenstamm ein junger Bursch in ärmlichem Aufzuge, welcher ein kleines Bündel unter dem Arm hielt und mit ruhiger Unverschämtheit unsern Helden anstarrte.

»Bist du 's, Veitel Itzig!« rief Anton, ohne große Freude über die Zusammenkunft zu verraten. Junker Itzig war keine auffallend schöne Erscheinung, hager, bleich, mit rötlichem, krausem Haar, in einer alten Jacke und defekten Beinkleidern sah er so aus, daß er einem Gendarmen ungleich interessanter sein mußte, als andern Reisenden. Er war aus Ostrau, ein Kamerad Antons von der Bürgerschule her. Anton hatte in früherer Zeit Gelegenheit gehabt, durch tapfern Gebrauch seiner Zunge und seiner kleinen Fäuste den Judenknaben vor Mißhandlungen mutwilliger Schüler zu bewahren und sich das Selbstgefühl eines Beschützers der unterdrückten Unschuld zu verschaffen. Namentlich einmal in einer düstern Schulszene, in welcher ein Knackwürstchen benutzt wurde, um verzweifelte Empfindungen in Itzig hervorzurufen, hatte Anton so wacker für Itzig plädiert, daß er selbst ein Loch im Kopfe davontrug, während seine Gegner weinend und blutrünstig hinter die Kirche rannten und selbst die Knackwurst aufaßen. Seit diesem Tage hatte Itzig eine gewisse Anhänglichkeit an Anton gezeigt, welche er dadurch bewies, daß er sich bei schweren Aufgaben von seinem Beschützer helfen ließ und gelegentlich ein Stück von Antons Buttersemmel zu erobern wußte, und Anton hatte den unliebenswürdigen Burschen gern geduldet, weil es wohltat, einen Schützling zu haben, wenn dieser auch im Verdacht stand, Schreibfedern zu mausen und später an Begüterte wieder zu verkaufen. In den letzten Jahren hatten die jungen Leute einander wenig gesehen, gerade so oft, daß Itzig Gelegenheit erhielt, die vertraulichen Formen des Schulverkehrs durch gelegentliche Anreden und kleine Spöttereien aufzufrischen.

»Die Leute sagen, daß du auch gehst nach der großen Stadt, um zu lernen das Geschäft«, fuhr Veitel fort. »Du wirst lernen, wie man Tüten dreht und Sirup verkauft an die alten Weiber; ich gehe auch nach der Stadt, ich will machen mein Glück.«

Anton antwortete unwillig über die freche Rede und über das vertrauliche Du, das der Kamerad aus der Elementarschule

immer noch gegen ihn wagte: »So gehe deinem Glück nach und halte dich nicht bei mir auf.«
»Es hat keine Eil'«, entgegnete Veitel nachlässig, »ich will warten, bis auch du gehst, wenn dir meine Kleider nicht sind zu schlecht.« Diese Berufung auf Antons Humanität hatte die Folge, daß Anton sich schweigend die Gegenwart des unwillkommenen Gefährten gefallen ließ. Er warf noch einen Blick nach dem Schlosse und schritt dann stumm auf der Landstraße fort, Itzig immer einen halben Schritt hinter ihm. Endlich wandte sich Anton um und fragte nach dem Eigentümer des Schlosses.
Wenn Veitel Itzig nicht ein Hausfreund des Gutsbesitzers war, so mußte er doch zum wenigsten ein vertrauter Freund seines Pferdejungen sein; denn er war bekannt mit vielen Verhältnissen des Freiherrn, der in dem Schlosse wohnte. Er berichtete, daß der Baron nur zwei Kinder habe, dagegen eine ausgezeichnete Schafherde auf einem großen schuldenfreien Gut. Der Sohn sei auswärts auf einer Schule. Als Anton mit lebhaftem Interesse zuhörte und dies durch seine Fragen verriet, sagte Itzig endlich: »Wenn du willst haben das Gut von diesem Baron, ich will dir's kaufen.«
»Ich danke«, antwortete Anton kalt; »er würde es nicht verkaufen, hast du mir eben gesagt.«
»Wenn einer nicht will verkaufen, muß man ihn dazu zwingen«, rief Itzig.
»Du bist der Mann dazu«, sprach Anton.
»Ob ich bin der Mann, oder ob es ist ein anderer; es ist doch zu machen, daß man kauft von jedem Menschen, was er hat. Es gibt ein Rezept, durch das man kann zwingen einen jeden, von dem man etwas will, auch wenn er nicht will.«
»Muß man ihm einen Trank eingeben«, frug Anton mit Verachtung, »oder ein Zauberkraut?«
»Tausendgüldenkraut heißt das Kraut, womit man vieles kann machen in der Welt«, erwiderte Veitel, »aber wie man es muß machen, daß man auch als kleiner Mann kriegen kann so ein Gut wie des Barons Gut, das ist ein Geheimnis, welches nur wenige haben. Wer das Geheimnis hat, wird ein großer

Mann, wie der Rothschild, wenn er lange genug am Leben bleibt.«
»Wenn er nicht vorher festgesetzt wird«, warf Anton ein.
»Nichts eingesteckt!« antwortete Veitel. »Wenn ich nach der Stadt gehe zu lernen, so gehe ich zu suchen die Wissenschaft, sie steht auf Papieren geschrieben. Wer die Papiere finden kann, der wird ein mächtiger Mann; ich will suchen diese Papiere, bis ich sie finde.«
Anton sah seinen Reisegefährten von der Seite an, wie man einen Menschen ansieht, dessen Verstand in der Irre lustwandelt, und sagte endlich mitleidig: »Du wirst sie nirgend finden, armer Veitel.«
Itzig aber fuhr fort, sich vertraulich an Anton drängend: »Was ich dir sage, das erzähle keinem weiter. Die Papiere sind gewesen in unsrer Stadt, einer hat sie gekriegt von einem alten sterbenden Bettler, und ist geworden ein mächtiger Mann; der alte Schnorrer hat sie ihm gegeben in einer Nacht, wo der andere hat gebetet an seinem Lager, ihm zu vertreiben den Todesengel.«
»Und kennst du den Mann, der die Papiere hat?« frug Anton neugierig.
»Wenn ich ihn weiß, so werde ich es doch nicht sagen«, antwortete Veitel schlau, »aber ich werde finden das Rezept. Und wenn du haben willst das Gut des Barons, und seine Pferde und Kühe und seinen bunten Vogel, und den Backfisch, seine Tochter, so will ich dir's schaffen aus alter Freundschaft, und weil du ausgehauen hast die Bocher[62] in der Schule für mich.«
Anton war entrüstet über die Frechheit seines Gefährten. »Hüte dich nur, daß du kein Schuft wirst, du scheinst mir auf gutem Wege zu sein«, sagte er zornig und ging auf die andere Seite der Straße.
Itzig ließ sich durch diesen guten Rat nicht anfechten, sondern pfiff ruhig vor sich hin. So schritten die beiden Reisenden in langem Schweigen, welches Itzig unbefangen beim

62. Studenten, Jünglinge; hier: Knaben.

nächsten Dorfe unterbrach, indem er seinem Begleiter wieder Namen und Vermögensverhältnisse des Ritterguts angab. Und diese belehrende Unterhaltung wiederholte sich bei jedem Dorf, so daß Anton ganz betroffen wurde über die ausgebreiteten statistischen Kenntnisse seines Gefährten. Endlich verstummten beide und legten die letzte Meile, ohne ein Wort zu sprechen, nebeneinander zurück.

8. Hans Zöberlein: Die Judenfrage

Der nationalsozialistische Schriftsteller und Architekt Hans Zöberlein schildert in seinem Roman »Der Befehl des Gewissens« (1937) die »Wirren der Nachkriegszeit und der ersten Erhebung«. In einzelnen Episoden werden die politischen und sozialen Verhältnisse der Weimarer Republik in negativ-verzerrter Weise dargestellt – in der leicht erkennbaren Absicht, die Notwendigkeit und Berechtigung der nationalsozialistischen »Erhebung« zu propagieren.
Schon in seinem Kriegsroman »Der Glaube an Deutschland« (1931) hatte Zöberlein die zeitgeschichtliche Entwicklung vom Ersten Weltkrieg bis zur Novemberrevolution aus nationalsozialistischer Perspektive gezeichnet und damit »das Vermächtnis der Front niedergelegt« – wie Adolf Hitler in seinem Vorwort schrieb. Zöberleins Bücher zählen zu den übelsten Machwerken der Nazi-Literatur.
Aus dem Roman »Der Befehl des Gewissens« ist im folgenden die Episode »Die Judenfrage« – leicht gekürzt – wiedergegeben.

[...] Liebe besitzt eine unergründliche Macht, die von daher kommt, wo nur noch das Übersinnliche webt. Liebe kann alles! Sich opfern bis zur Selbstaufgabe, kämpfen bis zum Tod, arbeiten, ohne müde zu werden, hungern und dürsten, ohne es zu spüren; weil nichts so schwer sein kann, so düster und grau, daß das Geliebte davor verblassen würde. Sein Leuchten überstrahlt alles.

»Du bist furchtbar gescheit«, lacht Hans seine Berta aus, als sie auf einer Wiese mitten unter Blumen liegt und davon erzählt.

»Du irrst dich, ich war immer nur eine mittlere Schülerin. Aber das, was ich sage, das sehe ich ja vor mir. Ich gebe es nur wieder. Das Sehen macht mich so, das ich vordem nicht hatte.«

So wandern sie täglich ins Freie und kehren am Abend wieder heim voll wunderbarem Erleben und Erkennen. Oder sie wandern einmal eine laue, geisterhafte Sommernacht hindurch und sind den ganzen Tag hernach so tief zufrieden vom sonderbar Schönen, das aus ihnen gesprochen hat in der nächtlichen Stille. Sie singen durch die Wälder gemeinsam vor Lebenslust und freuen sich, wie schön ihre Stimmen zusammenschwingen. Sie baden im klaren See miteinander und freuen sich heimlich an ihren ranken Körpern. Er am Feinen, Graziösen und dem Hauch der kindlichen Unschuld ihres Leibes, sie an seiner Kraft, der schnellenden Geschmeidigkeit und stolzen Haltung.

Ein heißer Tag trieb sie wieder einmal an einen See zum Baden. Hans schwimmt weit draußen, und Berta sieht ihm vom Ufer nach. Da fühlt sie, wie die Blicke der herumliegenden Männer auf ihr ruhen, und als sie stolz abweisend umhersieht, grinsen ihr lauter feixende Judengesichter entgegen, daß sie vor Ekel leise schauert und bange sehnt, Hans möchte bei ihr sein. Sie spürt, daß die Blicke ihr folgen, als sie weggeht, und hört, daß hinter ihr her dreckig gelacht wird. Und sie schämt sich ja so. Plötzlich springt vor ihr ein schwarzgebrannter Judenbengel auf und tritt ihr in den Weg: »Darf ich das gnädige Fräulein zum Kaffee einladen – oder zum Eis? Bitt' schön! Sehen bezaubernd aus, die Gestalt von einer Venus.«

»Lassen Sie mich in Ruhe!«

»Aber warum denn? Ein Mädel allein? Allein ist's doch nicht schön hier.« Dazu grinst er hinter seiner Hornbrille wie ein Satan und kommt näher.

Berta tritt zurück und erbleicht, wie sie sich plötzlich von lauter Juden umgeben sieht, von denen einer nach ihrer Hand fassen will und frech sagt: »Mir gibst du keinen Korb, nicht wahr, Kleine?« Er winkt im Kreise und ruft laut: »Auf, ins Kasino!« Und der Chor brüllt, lacht und tobt, daß man das Flehen und Rufen der gefangenen Berta kaum noch hört. »Hans!« flüstert sie leise, »Hans, hilf mir!« Geile Pfoten tappen sie an und schieben und ziehen an ihr. Sie reißt sich los, aber einer faßt sie erneut und sagt: »Netter Kerl! Wir haben doch ein Auto, darfst mitfahren!«

Aber da faucht er plötzlich und schlägt die Hand vor sein Gesicht, weil ihm Berta blitzschnell ihre Krallen durchgezogen hatte. Einige Juden stutzen, andere lachen, aber niemand kommt ihr zu Hilfe. Ein Mädel allein, Gott, was sucht so ein Mädel hier? Anschluß, was sonst, einen Kavalier!

»Was ist da los?« Hans ist auf einmal da, triefnaß und atemlos. Er sieht Berta an, sieht die Auslese des Satans umherstehen und wird bleich wie eine Wand. Seine Augen werden ganz starr und grünleuchtend, da taumelt der vorderste Jude, der zweite und dritte, so blitzschnell trifft seine Faust. Die anderen laufen davon. Dann lacht er grimmig auf und hat seine gesunde Farbe wieder.

Badewärter kommen und helfen den niedergeschlagenen Juden auf die Beine, und Berta kann nun auch schon wieder über die hilflos dummfeigen Gesichter lachen und über das Rachegeschrei der Davongelaufenen, das aber gleich wieder verstummt, als Hans sich umdreht.

»Sie müssen sofort das Bad verlassen«, verlangt einer der Wärter. »Werfen Sie doch die frechen Juden hinaus!« empört sich Hans. »Juden? – Sie, beleidigen Sie unsere Badegäste nicht so unverschämt. Hier gibt's keine Juden und keine Christen. Verlassen Sie das Bad!« Berta drängt Hans: »Komm, wir suchen ein anständiges Bad, hier ist es ja wie am Jordan in der Bibel, das ekelt mich an.«

»Ui jegerl, tun S' nur nicht so g'schwollen, sind S' froh, wenn ein besserer Herr sich abgeben mag mit so einer ...«

Da fliegt der Wärter durch einen prima Kinnhaken unter eine Rotte geziert aufkreischender Weiber. Dadurch sind die Juden erneut aufmerksam geworden und pirschen sich lüstern an das girrende Weibsvolk heran.

»Siehst du, die haben nur drauf gewartet, auffallen zu können, hör nur, wie sie balzen und förmlich Rad schlagen«, sagt Hans zu Berta.
»Mir dreht sich das Herz um, wenn ich das sehen muß«, entgegnet sie. »Diese Judenschweine richten uns zugrunde, das ganze Blut versauen sie uns.«
»Und Blut ist das Beste und das Einzige, was wir noch haben.«
Als sie sich nach dem Ankleiden treffen, zittert Berta noch leise und schmiegt sich im Gehen eng an ihn, daß er besorgt fragt: »Fehlt dir was?« Sie meint ganz beklommen: »Nein, nichts! Mir graut nur noch vor der Berührung, als hätte mich eine Schlange gestreift. Und angst möchte mir werden, weil es deutsche Mädel gibt, die das nicht fühlen.«
Und dann frägt sie auf einmal: »Hans, wie stehst du zur Judenfrage?«
Er hält betroffen den Schritt an und frägt verwundert dagegen: »Was weißt du davon?« »Sehr viel!« sagt sie, »seit vorhin weiß ich aber, daß sie die brennendste Frage für uns ist. Der Prüfstein, an dem sich alles Echte und Unechte im Deutschen scheiden muß.«
»Hm – wenn ich recht nachdenke, die Juden habe ich noch nie leiden können, schon als kleiner Bub in der Schule nicht«, erwidert er, und Berta sieht ihn dabei an, als erwarte sie von ihm ein Urteil über Leben und Tod. »Woran das liegt, habe ich mich zwar nie gefragt, ich denke, das liegt uns im Blut. Die Juden sind für unser Empfinden schmutzig, schweinisch, ehrlos – kurz gesagt, das genaue Gegenteil von uns. Kennst du das Verslein nicht? –

Jud', Jud' – hepp, hepp, hepp!
Schweinefleisch ist fett, fett, fett!
Sauerkraut ist gut –
Du bist ein stinkender Jud'!«

»Nein, das kenne ich nicht«, lacht sie heiter.
»Das haben wir daheim als Kinder zum Abzählen beim Spiel hergesagt. Wenn uns ein Judenbengel auf der Straße begegnet

ist, haben wir ihn ebenso ausgespottet: Jud', Jud' – hepp, hepp, hepp! – und dann richtig verhaut, weil wir die falschen Judenbuben einfach nicht riechen konnten. Der Jud' stinkt, haben wir als Kinder immer gesagt.«

»Wir auch! Kinder und Narren sagen die Wahrheit, heißt es.«

»Von einer Judenfrage habe ich auch schon manchmal reden hören. Da hat es doch früher die Antisemiten gegeben, die zu allerlei Geschrei und Judengezeter Anlaß gaben. Aber es geht mir da so wie in vielen sogenannten Fragen, wie mit der Treue, der Vaterlandsliebe oder der Ehre. Das sind für mich keine Fragen, sondern Selbstverständlichkeiten, wie das Waschen, das Zähneputzen, die Reinlichkeit. Wenn ich das nicht mache, fühle ich mich nicht wohl, nicht gesund. Ich habe dann Angst, ich kriege Läuse, Ungeziefer.« –

»Jawohl! Ungeziefer, das ist das richtige Wort dafür. Weil wir eine schmutzige Zeit erleben, darum gedeiht dieses Ungeziefer so prächtig. Es frißt uns noch auf, wenn das so weitergeht. Und dieses Ungeziefer hat sich überall eingeschlichen und drückt uns jetzt sein Gesicht und seine Gesetze auf. Weg mit der Moral, der Ehrlichkeit, der Sauberkeit, der Ehre! Wenn es nur noch Schweine gibt, dann wird aus der Erde am besten ein großer Misthaufen gemacht, ein Paradies für Schweine. Manchmal scheint mir, als sei uns diese Judenplage geschickt, daß wir sehend werden sollen. So wie die Menschen das Auftreten von Ungeziefer zu größerer Reinlichkeit zwingt.«

»Wir haben uns schon die schönste Zeit ausgesucht, um auf die Welt zu kommen«, lacht Hans ironisch. »Grad lustig ist's zum Leben! Nichts als Sorgen, schlimme Aussichten für die Zukunft, den erschöpfenden Krieg hinter uns. Man möchte fast verzweifeln, wenn ...«

»Wenn?« fragt sie neugierig.

»Wenn es nicht noch ein paar solche deutsche, gesunde Prachtmädel gäbe, wie du eines bist. Komm, wir nehmen einen Kahn und fahren ganz weit in den See hinaus, wo nur noch Fische und wirklich keine Juden mehr sind.« [...]

II. Texte zur Auseinandersetzung mit dem antisemitischen Vorurteil

1. Gotthold Ephraim Lessing: Die Juden

Zwei Bedienstete eines Barons, mit Hilfe von Bärten als Juden verkleidet, inszenieren einen Überfall auf ihren Herrn, der jedoch durch das beherzte Eingreifen eines zufällig vorbeikommenden Reisenden vereitelt wird. Voller Dankbarkeit lädt der Baron den Fremden als Gast auf sein Gut, wo dieser auch die Tochter des Adligen kennenlernt. Von antijüdischen Vorurteilen verblendet, glaubt der Baron nur zu gerne, daß Juden die Verbrecher waren. Die wirklichen Täter werden jedoch alsbald entlarvt; der edle Retter aber ist, wie sich schließlich herausstellt, selbst ein Jude. – Das ist die Fabel von Lessings Einakter »Die Juden« (1754), mit dem der junge Autor erstmals eine positiv gezeichnete Judengestalt auf die deutsche Bühne stellt. In der Vorrede zum dritten und vierten Teil seiner »Schriften« erläutert Lessing, was ihn zur Abfassung seines Stückes veranlaßt hat: »Es war das Resultat einer sehr ernsthaften Betrachtung über die schimpfliche Unterdrückung, in welcher ein Volk seufzen muß, das ein Christ, sollte ich meinen, nicht ohne eine Art von Ehrerbietung betrachten kann. Aus ihm, dachte ich, sind ehedem so viel Helden und Propheten aufgestanden, und jetzo zweifelt man, ob ein ehrlicher Mann unter ihm anzutreffen sei? [...] Ich bekam also gar bald den Einfall, zu versuchen, was es für eine Wirkung auf der Bühne haben werde, wenn man dem Volke die Tugend da zeigte, wo es sie ganz und gar nicht vermutet.« Lessing schreibt also bewußt gegen den Erwartungshorizont des zeitgenössischen Theaterpublikums an: Abweichend von der frühaufklärerischen Komödienform steht im Mittelpunkt des Stückes nicht mehr ein Charaktertyp, dessen Fehler der Lächerlichkeit preisgegeben werden, sondern ein verbreitetes Vorurteil, das durch eine auf Einsicht und Erkenntnis zielende exemplarische Handlung korrigiert werden soll.

In unserem Auszug treten neben den Protagonisten der Bediente des Reisenden (Christoph) und die Zofe des Fräuleins (Lisette) auf; die Dose, von der gegen Ende des zweiundzwanzigsten Auftritts die Rede ist, hatte einer der Übeltäter dem Fremden zuvor entwendet. Auf einigen Umwegen ist sie wieder in seinen Besitz gelangt.

Sechster Auftritt

Der Baron. Der Reisende.

Der Baron. War nicht meine Tochter bei Ihnen? Warum läuft denn das wilde Ding?

Der Reisende. Das Glück ist unschätzbar, eine so angenehme und muntre Tochter zu haben. Sie bezaubert durch ihre Reden, in welchen die liebenswürdigste Unschuld, der ungekünsteltste Witz herrschet.

Der Baron. Sie urteilen zu gütig von ihr. Sie ist wenig unter ihresgleichen gewesen, und besitzt die Kunst zu gefallen, die man schwerlich auf dem Lande erlernen kann, und die doch oft mehr, als die Schönheit selbst vermag, in einem sehr geringen Grade. Es ist alles bei ihr noch die sich selbst gelaßne Natur.

Der Reisende. Und diese ist desto einnehmender, je weniger man sie in den Städten antrifft. Alles ist da verstellt, gezwungen und erlernt. Ja man ist schon so weit darin gekommen, daß man Dummheit, Grobheit und Natur für gleich viel bedeutende Wörter hält.

Der Baron. Was könnte mir angenehmer sein, als daß ich sehe, wie unsre Gedanken und Urteile so sehr übereinstimmen? Oh! daß ich nicht längst einen Freund Ihresgleichen gehabt habe!

Der Reisende. Sie werden ungerecht gegen Ihre übrigen Freunde.

Der Baron. Gegen meine übrigen Freunde, sagen Sie? Ich bin funfzig Jahr alt. – – Bekannte habe ich gehabt, aber noch keinen Freund. Und niemals ist mir die Freundschaft so reizend vorgekommen, als seit den wenigen Stunden, da ich nach der Ihrigen strebe. Wodurch kann ich sie verdienen?

Der Reisende. Meine Freundschaft bedeutet so wenig; daß das bloße Verlangen darnach ein genugsames Verdienst ist, sie zu erhalten. Ihre Bitte ist weit mehr wert, als das, was Sie bitten.

Der Baron. Oh, mein Herr, die Freundschaft eines Wohltäters – –

Der Reisende. Erlauben Sie, – – ist keine Freundschaft. Wenn Sie mich unter dieser falschen Gestalt betrachten, so kann ich Ihr Freund nicht sein. Gesetzt einen Augenblick, ich wäre Ihr Wohltäter: würde ich nicht zu befürchten haben, daß Ihre Freundschaft nichts, als eine wirksame Dankbarkeit wäre?

Der Baron. Sollte sich beides nicht verbinden lassen?

Der Reisende. Sehr schwer! Diese hält ein edles Gemüt für seine Pflicht; jene erfordert lauter willkürliche* Bewegungen der Seele.

Der Baron. Aber wie sollte ich – – Ihr allzu zärtlicher** Geschmack macht mich ganz verwirrt. – –

Der Reisende. Schätzen Sie mich nur nicht höher, als ich es verdiene. Aufs höchste bin ich ein Mensch, der seine Schuldigkeit mit Vergnügen getan hat. Die Schuldigkeit an sich selbst ist keiner Dankbarkeit wert. Daß ich sie aber mit Vergnügen getan habe, dafür bin ich genugsam durch Ihre Freundschaft belohnt.

Der Baron. Diese Großmut verwirrt mich nur noch mehr. – – Aber ich bin vielleicht zu verwegen. – – Ich habe mich noch nicht unterstehen wollen, nach Ihrem Namen, nach Ihrem Stande zu fragen. – Vielleicht biete ich meine Freundschaft einem an, der – – der sie zu verachten – –

Der Reisende. Verzeihen Sie, mein Herr! – Sie – Sie machen sich – – Sie haben allzu große Gedanken von mir.

* spontane.
** allzu feinfühlender.

Der Baron *(beiseite).* Soll ich ihn wohl fragen? Er kann meine Neugierde übelnehmen.

Der Reisende *(beiseite).* Wenn er mich fragt, was werde ich ihm antworten?

Der Baron *(beiseite).* Frage ich ihn nicht, so kann er es als eine Grobheit auslegen.

Der Reisende *(beiseite).* Soll ich ihm die Wahrheit sagen?

Der Baron *(beiseite).* Doch ich will den sichersten Weg gehen. Ich will erst seinen Bedienten ausfragen lassen.

Der Reisende *(beiseite).* Könnte ich doch dieser Verwirrung überhoben sein! – –

Der Baron. Warum so nachdenkend?

Der Reisende. Ich war gleich bereit, diese Frage an Sie zu tun, mein Herr – –

Der Baron. Ich weiß es, man vergißt sich dann und wann. Lassen Sie uns von etwas andern reden – – Sehen Sie, daß es wirkliche Juden gewesen sind, die mich angefallen haben? Nur jetzt* hat mir mein Schulze** gesagt, daß er vor einigen Tagen ihrer drei auf der Landstraße angetroffen. Wie er sie mir beschreibt, haben sie Spitzbuben ähnlicher, als ehrlichen Leuten, gesehen. Und warum sollte ich auch daran zweifeln? Ein Volk, das auf den Gewinst so erpicht ist, fragt wenig darnach, ob es ihn mit Recht oder Unrecht, mit List oder Gewaltsamkeit erhält. – – Es scheinet auch zur Handelschaft, oder deutsch zu reden, zur Betrügerei gemacht zu sein. Höflich, frei, unternehmend, verschwiegen, sind Eigenschaften, die es schätzbar machen würden, wenn es sie nicht allzusehr zu unserm Unglück anwendete – *(Er hält etwas inne.)* – – Die Juden haben mir sonst schon nicht wenig Schaden und Verdruß gemacht. Als ich noch in Kriegsdiensten war, ließ ich mich bereden, einen Wechsel für einen meiner Bekannten mit zu unterschreiben; und der Jude, an den er ausgestellet war, brachte mich nicht allein dahin, daß ich ihn bezahlen, sondern, daß ich ihn sogar

* soeben erst.

** Gemeindevorsteher, der die gutsherrliche Gerichtsbarkeit und das Bürgermeisteramt im Dorfe vertritt.

zweimal bezahlen mußte. -- Oh! es sind die allerboshaftesten, niederträchtigsten Leute. – Was sagen sie dazu? Sie scheinen ganz niedergeschlagen.

Der Reisende. Was soll ich sagen? Ich muß sagen, daß ich diese Klage sehr oft gehört habe --

Der Baron. Und ist es nicht wahr, ihre Gesichtsbildung hat gleich etwas, das uns wider sie einnimmt? Das Tückische, das Ungewissenhafte, das Eigennützige, Betrug und Meineid, sollte man sehr deutlich aus ihren Augen zu lesen glauben. – Aber, warum kehren Sie sich von mir?

Der Reisende. Wie ich höre, mein Herr, so sind Sie ein großer Kenner der Physiognomie, und ich besorge, daß die meinige --

Der Baron. Oh! Sie kränken mich. Wie können Sie auf dergleichen Verdacht kommen? Ohne ein Kenner der Physiognomie zu sein, muß ich Ihnen sagen, daß ich nie eine so aufrichtige, großmütige und gefällige Miene gefunden habe, als die Ihrige.

Der Reisende. Ihnen die Wahrheit zu gestehn: ich bin kein Freund allgemeiner Urteile über ganze Völker -- Sie werden meine Freiheit nicht übelnehmen. – Ich sollte glauben, daß es unter allen Nationen gute und böse Seelen geben könne. Und unter den Juden --

[...]

Zweiundzwanzigster Auftritt

Das Fräulein und die Vorigen.

[...]

Der Baron. Komm, meine Tochter, komm! Verbinde deine Bitte mit der meinigen: ersuche meinen Erretter, deine Hand, und mit deiner Hand mein Vermögen anzunehmen. Was kann ihm meine Dankbarkeit Kostbarers schenken, als dich, die ich ebensosehr liebe, als ihn? Wundern Sie sich nur nicht, wie ich Ihnen so einen Antrag tun könne. Ihr Bedienter hat uns entdeckt, wer Sie sind. Gönnen Sie mir das unschätzbare Vergnügen, erkenntlich zu sein!

Mein Vermögen ist meinem Stande, und dieser dem Ihrigen gleich. Hier sind Sie vor Ihren Feinden sicher und kommen unter Freunde, die Sie anbeten werden. Allein Sie werden niedergeschlagen? Was soll ich denken?

Das Fräulein. Sind Sie etwa meinetwegen in Sorgen? Ich versichere Sie, ich werde dem Papa mit Vergnügen gehorchen.

Der Reisende. Ihre Großmut setzt mich in Erstaunen. Aus der Größe der Vergeltung, die Sie mir anbieten, erkenne ich erst, wie klein meine Wohltat ist. Allein, was soll ich Ihnen antworten? Mein Bedienter hat die Unwahrheit gered't, und ich –

Der Baron. Wollte der Himmel, daß Sie das nicht einmal wären, wofür er Sie ausgibt! Wollte der Himmel, Ihr Stand wäre geringer, als der meinige! So würde doch meine Vergeltung etwas kostbarer, und Sie würden vielleicht weniger ungeneigt sein, meine Bitte stattfinden zu lassen.

Der Reisende *(beiseite).* Warum entdecke ich mich auch nicht? – Mein Herr, Ihre Edelmütigkeit durchdringet meine ganze Seele. Allein schreiben Sie es dem Schicksale, nicht mir zu, daß Ihr Anerbieten vergebens ist. Ich bin – –

Der Baron. Vielleicht schon verheiratet?

Der Reisende. Nein – –

Der Baron. Nun? was?

Der Reisende. Ich bin ein Jude.

Der Baron. Ein Jude? grausamer Zufall!

Christoph. Ein Jude?

Lisette. Ein Jude?

Das Fräulein. Ei, was tut das?

Lisette. St! Fräulein, st! ich will es Ihnen hernach sagen, was das tut.

Der Baron. So gibt es denn Fälle, wo uns der Himmel selbst verhindert, dankbar zu sein?

Der Reisende. Sie sind es überflüssig* dadurch, daß Sie es sein wollen.

Der Baron. So will ich wenigstens soviel tun, als mir das

* im Übermaß.

Schicksal zu tun erlaubt. Nehmen Sie mein ganzes Vermögen. Ich will lieber arm und dankbar, als reich und undankbar sein.

Der Reisende. Auch dieses Anerbieten ist bei mir umsonst, da mir der Gott meiner Väter mehr gegeben hat, als ich brauche. Zu aller Vergeltung bitte ich nichts, als daß Sie künftig von meinem Volke etwas gelinder und weniger allgemein urteilen. Ich habe mich nicht vor Ihnen verborgen, weil ich mich meiner Religion schäme. Nein! Ich sahe aber, daß Sie Neigung zu mir, und Abneigung gegen meine Nation hatten. Und die Freundschaft eines Menschen, er sei wer er wolle, ist mir allezeit unschätzbar gewesen.

Der Baron. Ich schäme mich meines Verfahrens*.

Christoph. Nun komm ich erst von meinem Erstaunen wieder zu mir selber. Was? Sie sind ein Jude, und haben das Herz gehabt, einen ehrlichen Christen in Ihre Dienste zu nehmen? Sie hätten mir dienen sollen. So wär' es nach der Bibel recht gewesen. Potz Stern! Sie haben in mir die ganze Christenheit beleidigt – Drum habe ich nicht gewußt, warum der Herr, auf der Reise, kein Schweinfleisch essen wollte, und sonst hundert Alfanzereien** machte. – Glauben Sie nur nicht, daß ich Sie länger begleiten werde! Verklagen*** will ich Sie noch dazu.

Der Reisende. Ich kann es Euch nicht zumuten, daß Ihr besser, als der andre christliche Pöbel, denken sollt. Ich will Euch nicht zu Gemüte führen, aus was für erbärmlichen Umständen ich Euch in Hamburg riß. Ich will Euch auch nicht zwingen, länger bei mir zu bleiben. Doch weil ich mit Euren Diensten so ziemlich zufrieden bin, und ich Euch vorhin außerdem in einem ungegründeten Verdachte hatte, so behaltet zur Vergeltung, was diesen Verdacht verursachte. *(Gibt ihm die Dose.)* Euren Lohn könnt Ihr auch haben. Sodann geht, wohin ihr wollt!

* Vorgehens-, Verhaltensweise.
** hier: Narrheiten, Possen.
*** Anspielung auf das Gesetz, das Juden verbot, einen Christen zum Diener zu nehmen.

Christoph. Nein, der Henker! es gibt doch wohl auch Juden, die keine Juden sind. Sie sind ein braver Mann. Topp, ich bleibe bei Ihnen! Ein Christ hätte mir einen Fuß in die Rippen gegeben, und keine Dose!

Der Baron. Alles was ich von Ihnen sehe, entzückt mich. Kommen Sie, wir wollen Anstalt machen, daß die Schuldigen in sichere Verwahrung gebracht werden. O wie achtungswürdig wären die Juden, wenn sie alle Ihnen glichen!

Der Reisende. Und wie liebenswürdig die Christen, wenn sie alle Ihre Eigenschaften besäßen!

(Der Baron, das Fräulein und der Reisende gehen ab.)

2. *Ricarda Huch: Das Judengrab*

In Jeddam gab es nur einen einzigen Juden, der auf folgende Weise dorthin verschlagen war: Seine Frau, mit der ihn treueste Liebe verband, war aus Jeddam gebürtig, und als ihr Vater mit Hinterlassung bedeutender Ländereien starb, war es wünschenswert, daß sie sich zur Regelung ihrer Erbschaft selbst hinbegebe. Mit der Möglichkeit, das Vaterhaus wiederzusehen, erwachte in ihr das Heimweh, und die Familie, die aus Vater, Mutter und zwei kaum erwachsenen Kindern bestand, trat die weite Reise an. Da nun der Ort Jeddam, mit mehr dörflichem als städtischem Charakter, so trotzig und anmutig zwischen mäßig hohen Bergen, reichen Saatfeldern und grünen Geländen lag, die das Flüßchen Melk bewässerte, und da die Frau sich in ihrer vertrauten Kinderheimat so wohl fühlte, willigte der gutmütige Mann ein, ganz und gar überzusiedeln. Er konnte freilich nicht daran denken, das große Gut seiner Frau selbst zu bewirtschaften, sondern stellte dazu einen jungen Verwalter an, während er selbst ein Geschäft in dem Ort eröffnete, wie er es früher betrieben hatte. Da es ein solches in Jeddam bisher nicht gegeben hatte und die Einkäufe in der nächsten größeren Stadt besorgt worden waren, hätte das Geschäft wohl gedeihen können, wenn nicht der

Inhaber ein Jude gewesen wäre, von welchem Volke die Bewohner von Jeddam durchaus nichts wissen wollten. Verkauft wurde zwar genug, aber wenig bezahlt, und wenn Herr Samuel die ausstehenden Gelder einklagen wollte, mußte er erleben, daß sich die Behörden seiner nicht annahmen und er höchstens Prozeßkosten zahlen mußte, ohne zu seinem offenkundigen Recht kommen zu können. Es machte ihm oft Sorgen, was daraus werden sollte, und er wäre gern mit den Seinigen auf und davon gegangen, wenn er gewußt hätte, wie er in dieser feindseligen Umgebung zu seinem Gelde kommen und die Güter seiner Frau ohne zu großen Schaden verkaufen sollte.

Eine Reihe von Jahren ging es so weiter, bis eines Tages Herr Samuel krank wurde und nach dem Arzte im nächsten Städtchen schickte; als er auf seine zweite Bitte, schleunig zu kommen (denn die erste hatte keinerlei Erfolg gehabt), die Antwort erhielt, der Doktor sei sehr beschäftigt und bedaure, dem Rufe nicht Folge leisten zu können, wurde es ihm unheimlich zumute, und er bedachte zum ersten Male gründlich, wie er hier elend sterben und verderben könne. Während die Familie sorgenvoll und ratschlagend um sein Bett herumsaß, sagte er: »Das beste wäre, da ich doch einmal krank bin, wenn ich stürbe, dann könntet ihr unangefochten hier leben und glücklich sein.« Seine Frau Rosette und die beiden Kinder, Anitza und Emanuel, verwiesen ihm, so zu reden, da sie ohne ihn auch im Paradiese nicht glücklich sein könnten, und Herr Ive, der Verwalter, der Anitzas Verlobter war, sagte, daß es auch deshalb unrichtig sei, weil die Bewohner von Jeddam die abtrünnige Frau, die einen Juden geheiratet hatte, und dessen Kinder ebensowenig unter sich leiden möchten wie ihn selber.

»Wie wäre es aber«, sagte Anitza, »wenn wir dich, Vater, als tot ausgäben und begrüben, während du heimlich in deine Heimat zurückkehrtest, und Ive, als unser natürlicher Freund und Vormund, unsre Angelegenheiten ordnete und uns dann zu dir führte?«

Herr Samuel wollte anfänglich von solchen Schlichen nichts

hören, aber da der Verwalter erklärte, er getraue sich wohl, die Sache zu einem guten Ende zu bringen, und da Frau und Kinder zu dem Abenteuer, mittels dessen zugleich denen von Jeddam ein Streich gespielt wurde, voll Lust und Ungeduld waren, willigte er schließlich ein, es ins Werk zu setzen. Kaum war er wieder einigermaßen hergestellt, als er nächtlicherweise Jeddam verließ; es glückte ihm, unbemerkt zu dem nächsten größeren, am Meere gelegenen Ort zu gelangen, wo er sich einschiffte.

Unterdessen stopften Frau Rosette und Anitza mit Herrn Ives Hilfe einen netten Balg aus, befestigten eine passende Larve mit einem Bart aus Roßhaar vor dem Strohkopfe und legten diese Figur, in ein reinliches Sterbehemd gekleidet, auf Herrn Samuels Bett. Die Larve bedeckten sie mit einem Schnupftuch, doch die wachsenen Hände, die sie der Echtheit und Ähnlichkeit halber mit dem schönen Diamantring geschmückt hatten, den Samuel auf dem Zeigefinger zu tragen pflegte, blieben sichtbar. Der Betrug wäre wohl doch entdeckt worden, wenn das Haus des Juden nicht wie das eines Aussätzigen gemieden worden wäre; als die Nachricht von seinem Tode ausgesprengt war, fehlte es zwar nicht an Neugierigen, aber sie hielten an sich und spähten aus der Ferne, so daß nur die eignen Dienstboten scheu von der Türschwelle aus den künstlichen Leichnam betrachteten.

Demnächst begab sich Herr Ive zum Gemeinderat, um den Tod des Herrn Samuel anzuzeigen und die Beerdigung zu bestellen, wurde dort aber an den Pfarrer verwiesen, der diese Dinge zu erledigen habe. Der Pfarrer war ein Mann mit dichtem, lockigem Haar und kurzer, hölzerner Stirn über einem breiten Gesicht, für gewöhnlich schweigsam, nicht aus Neigung oder Anlage, sondern weil er nichts zu sagen wußte. Seine großen Augen flackerten ängstlich und bekümmert vor der großen Leere seines Schädels, und er war im ganzen ein mehr hilflos trauriger und unschädlicher Mann, als ein bösartiger, außer wenn es sich um gewisse kirchliche Fragen handelte. Sowie nämlich irgendeine Sache vorkam, in der er sein Urteil, sei es auch ein noch so verkehrtes, hatte, und in der er überhaupt maßgebend war, bemächtigte er sich derselben mit Heftigkeit, blähte sich auf und spie Gift gegen alle, die ihm nahe kamen, im unbewußten Drange, sich dafür zu rächen, daß sie ihn so oft als einen unwichtigen, blöden Tölpel unbrauchbar in der Ecke hatten stehen sehen. Als Herr Ive sich bei ihm meldete, wußte er schon, um was es sich handelte, und empfing ihn mit den Worten: »Was gibt es, Herr Ive? Da muß etwas Gewaltiges im Schwange sein, daß Ihr zu mir kommt! Ihr pflegt mich nicht zu überlaufen, weder in meinem Hause, noch im Hause Gottes! Diese Leute bedürfen der Seelsorge nicht; aber jetzt gilt es wohl eine Erbschaft oder eine Heirat, wo sie immer bei der Hand sind!«

Herr Ive entschuldigte sich höflich und sagte, daß er nur den Tod des verstorbenen Herrn Samuel anzeigen wolle, was ihm als Vormund der hinterbliebenen Familie zukomme. »Da habt Ihr Euch ein sauberes Amt ausgelesen«, sagte der Pfarrer; »wer Pech angreift, besudelt sich, wißt Ihr das nicht? Bleibt mir mit Eurem toten Juden vom Leibe, ich habe nichts damit zu schaffen!« Herr Ive erklärte, daß der Gemeinderat ihn an den Pfarrer gewiesen hätte; der die Beerdigungsförmlichkeiten samt und sonders zu erledigen pflegte. »Ja«, rief der Pfarrer aufbrausend, »die Beerdigung von Christenmenschen freilich! Den Juden mögen seine Rabbiner und Pharisäer in ihre Erde graben und sich selber dazu, was desto besser für sie und uns wäre.«

Der Herr Pfarrer wüßte wohl, sagte Herr Ive, daß es in Jeddam weder Pharisäer noch Sadduzäer gäbe, noch weniger einen jüdischen Kirchhof, weswegen der Wunsch des Herrn Pfarrers nicht könnte ausgeführt werden; es müßte der verstorbene Samuel wohl oder übel neben den übrigen Bürgern Jeddams bestattet werden. Der Pfarrer zog die schwachen Brauen über den großen rollenden Augen hoch, schlug mit der geballten Faust dreimal auf den Tisch und rief: »Nichts da! Heraus mit Euch! Werft Euern toten Juden wohin Ihr wollt, aber laßt Euch nicht mit ihm auf unserm christlichen Kirchhof blicken!« Worauf Herr Ive, dem das Blut bereits zu kochen anfing, sich herumdrehte, die Tür laut hinter sich zuschlug und spornstreichs zurück zum Gemeinderat eilte.

Dort gab es ein Köpfezusammenstecken und eiliges Hin- und Herlaufen, bis es Herrn Ive endlich gelang, zum Bürgermeister vorzudringen, der es im allgemeinen nicht liebte, in seinen Geschäften gestört zu werden. Er war ein beleibter Herr, der unter seiner Freundlichkeit äußerste Verachtung der meisten übrigen Menschen verbarg und sich einbildete, seine Stellung als Bürgermeister einzig seiner weltmännischen Gewandtheit und geistigen Überlegenheit zu verdanken. Ihm war alles gleichgültig, außer daß er den Ruf seiner Unfehlbarkeit und seine Beliebtheit nicht einbüßte, und es war deshalb ebenso angenehm, mit ihm zu verkehren, wie schwer, irgend etwas von ihm zu erreichen und in Gang zu bringen.
Herr Ive erzählte atemlos und heftig, was ihm beim Pfarrer begegnet war, häufig unterbrochen vom Bürgermeister, der sich nach unzähligen Einzelheiten erkundigte, teils um seine sachkundige Gründlichkeit und menschliche Teilnahme zu beweisen, teils um im allgemeinen Zeit zu gewinnen. Als Herr Ive durchaus nichts mehr zur Klärung der Sachlage beizubringen wußte und augenscheinlich auf eine Antwort erpicht war, legte der Bürgermeister den Kopf auf die Seite, faltete die Hände über dem Bauche und sagte nachdenklich: »Schade, schade, daß der Herr Samuel sterben mußte! Ein fleißiger Herr, ein braver Herr, als Familienvater ausgezeichnet und als nützlicher Bürger, aber ein Jude. Unleugbar ein Jude! Er hätte noch eine Weile länger leben dürfen.«
Herr Ive sagte ungeduldig: »Euer Gnaden werden Ihre rühmlich bekannte Gerechtigkeitsliebe beweisen und nicht dulden, daß Leute, die Euer Gnaden selbst als nützliche Bürger bezeichnen, wie faules Obst in den Graben geworfen, anstatt rechtlich begraben werden.«
»Wie faules Obst in den Graben werfen!« rief der Bürgermeister erschrocken. »Das wäre in der Tat ein Unfug, den ich scharf ahnden würde. Die Geistlichkeit läßt sich oft, wie wir alle wissen, vom frommen Eifer hinreißen, allein das bürgerliche Haupt der Gemeinde folgt unbestechlich der Gerechtigkeit. Es soll mir nimmermehr ein verstorbener Jude, der tugendhaft gelebt hat, wie faules Obst auf der Gasse liegen!«

So würde, fragte Herr Ive, der Bürgermeister Befehl geben, daß der Verstorbene schicklich auf dem allgemeinen Friedhof beerdigt würde. Das würde er freilich, antwortete jener, nachdem er zuvor die Herren Gemeinderäte versammelt und ihre Meinung eingeholt hätte: »Denn«, sagte er lächelnd, »den Tyrannen möchte ich nicht spielen, gerade, weil ich es könnte.«

Herr Ive mußte sich bescheiden, unverrichtetersache heimzukehren, und eilte zur Familie des Samuel, um von dem Vorgefallenen Bericht zu erstatten. Er hatte im Laufe der Verhandlungen fast vergessen, daß sein Schwiegervater nicht in Wirklichkeit tot war, wie er aber zu Hause die vergnügten Gesichter sah, kam es ihm wieder zur Besinnung, und er mußte lachen, daß der Pfarrer sich dermaßen über eine Sache erhitzt hatte, die nur in der Einbildung bestand. Die zierliche Anitza warf sich auf einen Teppich und lachte lautlos in ein Kissen, so daß ihr die Tränen über das Gesicht liefen, aber ihre Mutter, eine hohe, kräftige Frau, die nicht mit sich spaßen ließ, stand auf und sagte: »Ive, du bist gut, aber du hast einen Lammsmut, du verstehst mit diesen Leuten nicht umzugehen, die man nicht höflich, sondern grob und unverschämt, wie sie selber sind, behandeln muß. Du wirst bescheiden vor der Tür gestanden und um Erlaubnis gefragt haben, anstatt zu sagen: ›Kurz und gut, morgen begraben wir meinen Schwiegervater, und wer sich mir in den Weg stellt, dem zerschmettere ich mit diesen Fäusten die Knochen zu Butter.‹«

»Ich habe mich so fest und entschlossen benommen, wie ich glaube, daß ein Mann soll«, sagte Herr Ive, dessen helles, hübsches Gesicht über und über rot geworden war, als ihm Zaghaftigkeit vorgeworfen wurde. »Wenn es nötig ist, kann ich auch dreinschlagen, doch ich dachte, es wäre dazu immer noch Zeit.«

Der junge Emanuel sagte: »Mama, die Leute haben im Grunde ganz recht. Auf einen christlichen Kirchhof gehören Christen, auf einen jüdischen Juden. Die Frage ist nicht so leicht zu entwirren, wie du dir einbildest.«

Nun loderte Frau Rosette in lichtem Zorne auf und rief: »Geh mir mit deinen Spitzfindigkeiten! Dein Vater ist kein Dieb oder Mörder, sondern ein besserer Mann als alle die Ochsenköpfe von Jeddam, die froh sein können, einen solchen auf ihrem Friedhof begraben zu dürfen. Glaubst du, sie würden dich und mich und Anitza, obwohl wir gut katholische Christen sind, achtungsvoller behandeln? Sie würden uns auch in das erste beste Loch werfen; aber sie haben sich in mir verrechnet. Ich nehme es mit andern Leuten auf als mit dem hohlköpfigen Pfarrer und dem windigen Bürgermeister.«
Anitza klatschte vor Vergnügen in die Hände und sagte zu ihrem Bruder: »Mama möchte, daß wir beide stürben, nur damit sie uns dem Pfarrer zum Tort[1] ein christliches Begräbnis herrichten könnte!« Und Emanuel, der es liebte, seine Mutter zu necken, sagte: »Frau und Kinder gehen nach des Vaters Seite, und ich bezweifle, ob wir das Recht haben, uns auf dem Jeddamer Friedhof beerdigen zu lassen.«
»Gelbschnabel!« rief seine Mutter. »Meine Urgroßväter, Großväter und mein Vater sind hier begraben, und ich möchte den sehen, der mich hindern kann, an ihrer Seite zu liegen. Ich gehe bis zum Kaiser, wenn es nötig ist, um diesen Prahlhänsen zu zeigen, wo ich mich begraben lassen kann!«
Es gelang Herrn Ive, die zürnende Frau zu bewegen, daß sie den Bescheid abwartete, den er jetzt vom Gemeinderat bekommen würde, und er machte sich alsbald auf, um denselben in Empfang zu nehmen. Ehe er in das Beratungszimmer geführt wurde, wo sich unter den übrigen Herren auch der Pfarrer befand, sagte der Bürgermeister: »Es kommt mir nicht in den Sinn, nach Tyrannenweise das Recht zu beugen, und daß dem Rechte nach kein Jude auf unserm christlichen Gottesacker bestattet werden darf, sehe ich ein; doch halte ich mich gern an den alten lateinischen Spruch, der besagt, daß man zwar unerschütterlich im Handeln, aber gefällig und lieblich in der Form sein soll, und werde deshalb dem jungen

1. Kränkung.

Manne den abschlägigen Bescheid so sanft wie möglich eingehen lassen.«
Als hierauf Herr Ive vorgelassen wurde, empfing er ihn mit wohlwollenden Blicken, streichelte kosend über das Protokollpapier, das vor ihm lag, und sagte: »Sie sind ein geschätzter Mitbürger, Herr Ive, auch der verstorbene Herr Samuel war es, soweit er Bürger war, als Bekenner stand er mir fern. Sagen Sie selbst, gibt es eine jüdische Gemeinde hier?«
Diese Frage konnte Herr Ive nicht anders als mit nein! beantworten, worauf der Bürgermeister fortfuhr: »Es gibt hier keine jüdische Gemeinde, oder, was dasselbe sagen will, keine Juden. Gibt es aber keine Juden hier, so gibt es auch keinen Juden, und so hat auch Herr Samuel, der ein Jude war, im rechtlichen Sinne niemals hier existiert. Seine Familie mag ihn beweinen, seine Freunde, ja alle fühlenden Herzen mögen seinen Hinschied betrauern, die Gemeinde als solche muß ihn als nie dagewesen betrachten und kann ihn infolgedessen auch nicht begraben.«
»So bitte ich den Herrn Bürgermeister, mir zu sagen«, rief Herr Ive drohend, »wo ich ihn begraben soll, denn begraben muß er doch einmal werden.«
»Das wäre zu wünschen«, sagte der Bürgermeister, »und es sei ferne von mir, den Hinterbliebenen darin auch nur das geringste in den Weg zu legen. Nur den christlichen Gottesacker bitte ich auszunehmen, und daß innerhalb der Stadtgrenzen kein Toter sich aufhalten darf, ist Ihnen sowie jedermann bekannt.«
Jetzt aber war es mit Herrn Ives Geduld zu Ende, und indem ihm das Blut heiß in die Wangen schoß, rief er: »Wenn ihr den lebenden Juden unter euch dulden konntet, werdet ihr auch den toten ertragen. Ich verlange kein Geläut und kein Geplärr und Gezeter an seinem Grabe, aber ein Fleckchen Erde, wo er ruhig liegen kann, das soll er trotz euch haben. Laßt es euch gesagt sein, daß ich ihn morgen selber auf den Kirchhof bringen und jeden niederschlagen werde, der mich dabei stören will.«
Diese groben Worte entzündeten ein heftiges Wortgemenge,

das durch den plötzlichen Eintritt Frau Rosettens unterbrochen wurde, die, des Wartens überdrüssig, selbst gekommen war, um mit ein paar kernigen Worten die Leute zur Vernunft und die Sache zu Ende zu bringen. Als sie in großer Majestät, vom Kopf bis zu den Schuhen in Schwarz gekleidet, auf der Schwelle stand, verstummten alle, und der Bürgermeister beeilte sich, ihr entgegenzugehen und einige Worte des Beileids zu sprechen. »Laßt die Phrasen, Herr Bürgermeister«, sagte sie abwehrend, »auf die ich keinen Wert lege. Ich verlange von Euch nichts als mein Recht, ich will meinen Mann auf den Kirchhof bringen, wo mir Vater und Mutter, Großväter und Urgroßväter ruhen, und darin verlange ich von Euch mehr unterstützt als behindert zu werden.«
»Euer verewigter Vater war mein geschätzter Freund«, sagte der Bürgermeister, indem er sich mit einem großen buntseidenen Taschentuch den Schweiß von der Stirn wischte, »und sein Grab gereicht unserm Gottesacker zur Ehre. Er war ein guter Bürger und ein guter Christ, und mehr braucht es nicht, um in Jeddam gut aufgenommen und begraben zu werden.«
»So denke ich«, sagte Frau Rosette, sich stolz umsehend, »daß ich diese Ehre verdiene. Ich wünsche aber, was niemand einem christlichen Eheweibe verargen wird, dereinst an meines Gatten Seite zu ruhen.«
Der Bürgermeister trocknete sich den Angstschweiß ab und besann sich, welche Gelegenheit der Pfarrer, der sich nur ungern das Wort so lange hatte nehmen lassen, ergriff und losfuhr: »Bückt Ihr Euch vor dieser stolzen und abgöttischen Jesebel? Du hast einen Greuel in deine Familie und unsre Gemeinde gebracht, Weib, aber auf unsern Friedhof sollst du ihn nicht bringen. Es gibt genug Kehricht auf der Erde, wohin ihr eure ungläubigen Knochen werfen könnt, unserm heiligen Gottesgarten sollen sie fern bleiben!«
Frau Rosette trat dicht an den Pfarrer heran und sagte: »Höre du, ich mach mir zwar keine Ehre daraus, zwischen euren hohlen Gerippen begraben zu liegen, aber mein angeborenes und angestammtes Recht lasse ich mir von euch nicht rauben

und möchte gleich auf dem Flecke sterben, damit ihr mit ansehen müßtet, wie ich auf euern Schutthaufen Einzug halte.«

Die Anzüglichkeit der Frau Rosette hatte auch die übrigen Gemeinderäte in Zorn versetzt, von denen einer sagte: »Die Frau eines Juden hat keinerlei Recht mehr in Jeddam.«

»Ja, ich hätte meine Mitgift einem von euch hungrigen Bären bringen sollen!« höhnte sie.

»Besser ein Bär als ein Schwein!« rief ein andrer; denn so pflegte man die Juden in Jeddam zu nennen.

Frau Rosette erbleichte und sagte: »Du mußt wohl ein Hund sein, daß du einen edlen Toten beschimpfst.« Dann legte sie eine Hand auf Herrn Ives Arm und sagte, indem sie ihn mit sich zog: »Komm, wir werden uns selber helfen.«

Während der Bürgermeister auseinandersetzte, daß der Weise und Weltmann nicht schimpfe, sondern fest und gelinde auf dem Buchstaben des Rechts beharre, trug der Pfarrer Sorge, daß die übermütige Frau Rosette ihren Samuel nicht insgeheim in den Kirchhof einschmuggelte.

Das war diese allerdings willens, aber nicht verstohlenerweise, sondern öffentlich und prächtig, am hellen Tage, indem sie darauf rechnete, daß man es nicht zu einer Prügelei auf dem Kirchhof würde kommen lassen. Der Pfarrer hatte aber noch zur rechten Zeit eine Menge von Bauern versammelt und zu ihnen gesagt: »Kinder, der tote Jude wird unsre gute Erde verpesten! Leidet es nicht! Mag er draußen auf dem Felde liegen, wo es nur Raben und Krähen gibt! Wenn ihr nicht auf der Hut seid, werdet ihr Gift und Pestilenz und Viehseuche haben!« Die Folge davon war, daß die Knechte, die den Sarg mit dem künstlichen Samuel trugen, die Kirchhofpforte verrammelt und von feindseligen Bauern besetzt fanden, die ihnen den Eingang wehrten. Frau Rosette, Herr Ive und die Kinder, die in einem offenen Wagen folgten, sahen voll Erstaunen, wie sich ein tüchtiges Handgemenge entspann, in dem ihre Knechte bald den kürzeren zogen, da sie bedeutend in der Minderzahl waren. Herr Ive verfolgte den Kampf eine Weile mit dem Kennerblick eines jungen

Straßenbuben und wachsender Ungeduld, bis er schließlich nicht mehr an sich zu halten vermochte, aus dem Wagen sprang, die Jacke abwarf und sich mit einem lauten, schnalzenden Schrei unter die Prügelnden mischte. Emanuel, dessen dunkle Augen vor Kampflust feucht geworden waren, schickte sich an, es seinem Schwager nachzutun, und die Mutter hatte Mühe, ihn festzuhalten und Anitzas Heiterkeit, die sich ihrer beim Anblick des tapfer ringenden Bräutigams bemächtigt hatte, durch Zupfen, Winken und Warnen in etwas zu mäßigen. Ihren Schwiegersohn sah Frau Rosette zwar mit Genugtuung und Billigung im Kampfgewühl, dennoch bat sie ihn, angesichts der immer wachsenden Zahl seiner Gegner, für heute abzustehen, da man mit so geringen Streitkräften nicht hoffen könne, den Sieg davonzutragen. Herr Ive, da er einmal im Raufen war, hörte nur ungern auf, doch sah er ein, daß seine Schwiegermutter recht hatte, und führte die Familie unter hellem Übermut der Kinder und prasselndem Zornfeuer Frau Rosettens nach Hause zurück.

Die Zurückgebliebenen prügelten sich weiter und waren so eifrig dabei, daß es der Gemeindepolizei kaum gelang, sie bei einbrechender Nacht auseinanderzutreiben. Dieser Auflauf machte den Bürgermeister und mehrere Herren vom Rate so bedenklich, daß sie sich nochmals in einem verschwiegenen Zimmer des Wirtshauses, das öfter zu wichtigen Beratschlagungen diente, versammelten, um einen gütlichen Ausweg dieser heiklen Angelegenheit zu finden.

»Es ist nicht zu leugnen«, begann der Bürgermeister freundlich, indem er tändelnd den Deckel seines Bierkruges auf- und zuklappte, »daß ein toter Mensch irgendwo begraben werden sollte. Auch kann man der Frau Rosette nicht zumuten, daß sie ihren verstorbenen Gatten zwischen ihren Getreidefeldern und Kartoffeläckern beerdigt.«

»Beileibe nicht!« rief der Pfarrer drohend. »Soll er unsern christlichen Erdboden verpesten? Hinaus mit ihm! Weit weg mit ihm! Werden doch auch die toten Pferde und Hunde da draußen eingescharrt.«

Der Bürgermeister klapperte sinnend mit seinem Deckel und sagte: »Ich gebe zu, Ehrwürden, daß ein Jude kein Christ ist, sollte er aber deswegen unter die Tiere fallen?«
Hieran knüpfte sich eine längere Beratung, und nachdem in dieser Weise genugsam hin und her gestritten war, machte einer der Gemeinderäte folgenden Vorschlag: »Es wird den Herren bekannt sein«, sagte er, »daß wir in einer Ecke des Kirchhofes, wo wildes Unkraut wächst und der Totengräber zu keiner Pflege und Säuberung verpflichtet ist, die kleinen Kinder begraben, die tot geboren wurden oder gleich nach der Geburt starben, so daß sie leider die heilige Taufe nicht empfangen konnten. Diese schienen mir insofern mit dem Juden vergleichbar, als sie, wie er, ungetauft sind, und es dünkt mich deshalb nicht unschicklich, wenn man ihn dort in aller Stille vergrübe.«
Der Bürgermeister wollte eben einen mäßigen Beifall dieses Vorschlages laut werden lassen, als der Pfarrer, die Hände über dem Kopfe zusammenschlagend, ausrief: »Wo ist euer Christentum? Ihr schwatzt wie Heiden und Türken daher! Wißt ihr nicht, daß die vor und während der Geburt gestorbenen Christenkinder Engel sind? Kleine Engelkinder, die ihre schwarzen Augen niemals aufgetan und durch den Anblick unsrer häßlichen Erde getrübt haben! die mit ihren kleinen Rosenfüßen niemals den Dreck berührt haben, durch den wir waten! Auf der Schwelle unsres Lebens haben sie die Flügel geschüttelt und sind wieder davongeflogen in den Himmel.«
Hier fing der Pfarrer, der die kleinen Kinder zärtlich liebte, an zu weinen, und auch einige Gemeinderäte wischten sich die Augen, indessen der Bürgermeister sagte: »Es bleibt den Kindern unbenommen, in den Himmel zu fliegen, und dem Juden, in die Hölle zu fahren, nichtsdestoweniger sind sie vom bürgerlichen Standpunkte aus alle ungetauft, und es scheint mir daher billig und recht, daß sie am selben Orte begraben werden.« Er fürchtete nämlich die große und behäbige Verwandtschaft Frau Rosettens, die sich zwar um Herrn Samuel wenig bekümmert hatte, von der es aber doch anzu-

nehmen war, daß sie die Kränkung einer von ihrer Sippschaft übel vermerken würden.
Der Pfarrer konnte gegen den Gemeinderat, der einmütig war, nichts ausrichten, machte sich aber an das Volk, stellte ihm die Unbill vor, die ihm angetan werden sollte, und ermunterte es, dieselbe in Gottes Namen mit Fäusten abzuwehren. »Würdet ihr ruhig zusehen«, rief er, »wenn man einen Wolf in euern Schafstall ließe? Und sie wollen einen falschen Judas zwischen eure unschuldigen Kinder legen, die am Throne der Dreieinigkeit für arme Sünder beten. Pestilenz! Feuersbrunst! Wassernot! Kriegsnot und Hungersnot werden über euch kommen, wenn ihr zulaßt, daß der heilige Gottesacker durch diesen Verräter vergiftet wird.«
Die Bürger von Jeddam ließen sich dies nicht zweimal sagen, rotteten sich zusammen und schwuren, jedweden totzuschlagen, der den toten Samuel auf ihren Friedhof bringen würde. Am furchtbarsten unter den Aufwieglern war ein Großbauer namens Pomilko, ein hünengroßer Mann mit dickem Kopf und weißblonden Haaren, der mit seinem Gefolge von Angehörigen, Verwandten, Abhängigen und Knechten das ganze Gemeindewesen hätte über den Haufen werfen können. Pomilko hatte vor kurzem eine zweite Frau genommen, die ihm ein totes Kind geboren hatte. Demselben hatte er zwar keinen Blick geschenkt, sondern, als ihm die Botschaft gebracht worden war, hatte er sich fluchend und zähneknirschend aufs Feld begeben und sich zwei Tage lang nicht im Hause blicken lassen; jedoch sah er es als eine gröbliche Ehrenkränkung an, daß ein Jude in der Nähe seines Sprößlings begraben sein sollte, und erklärte laut, er fürchte weder den Bürgermeister noch den Kaiser und würde diesen zeigen, was Pomilko vermöchte, wenn sie sich ihn zu beleidigen getrauten. Er hatte aus erster Ehe eine erwachsene Tochter namens Sorka, ein großes, starkes Mädchen mit kecken, blitzenden Augen, einem feinen Mund und Zähnen, die fest wie Kieselsteine und gelbglänzend wie Marmor waren. Als das Mädchen das hörte, daß eine Stiefmutter ins Haus ziehen sollte, erklärte sie dem Vater, sie wolle das nicht leiden, er

möchte davon abstehen, was ihn bewog, die Heirat um so schneller zu vollziehen. Als Sorka beim ersten gemeinsamen Mittagsmahle fehlte, der Vater sie hereinrief und die Stiefmutter ihr mit saurer Miene die Suppe in den Teller füllte, schob Sorka denselben so heftig zurück, daß das reine Tischtuch über und über bespritzt wurde, sagte: »Ich esse nicht, was du gekocht hast!« und schaute dem Vater und seiner Frau herausfordernd und mit verhaltenem Frohlocken ins Gesicht. »So magst du hungern«, rief der Vater zornig, »andre Speise gibt es hier für dich nicht!« Sorka lachte und sagte: »Lieber such ich mir selbst mein Brot«, und zog stracks mit einem Bündel Habseligkeiten aus dem Hause.

Sie nahm, da sie nicht gleich etwas andres fand, bei einem kleinen Bauer einen Dienst an und hatte bald eine Liebschaft mit dessen Sohn, was der Vater, der alte Darinko, geschehen ließ, weil er wußte, daß Pomilko seiner Tochter ihr mütterliches Erbe nicht vorenthalten konnte. Diese Vorgänge hatten den Pomilko mit übler Laune, Ärger, Zorn und Rachsucht ganz angefüllt, weshalb er die Gelegenheit, zu zanken, zu raufen und allenfalls jemand totzuschlagen, sogleich ergriffen hatte.

Der Bürgermeister konnte sich nicht verhehlen, daß eine förmliche Revolution im Anzuge sei, und in seiner Verlegenheit hielt er eine Ansprache an das Volk, er würde die Frage wegen des Judengrabes Seiner Majestät dem Kaiser zur Entscheidung vorlegen, inzwischen möchten sie ihren Geschäften nachgehen und sich still verhalten, das Gemeinwesen ruhe sicher in seinen Händen. In Wirklichkeit begab er sich nicht zum Kaiser, sondern zu dem Kommandanten einer Garnison, die im nächsten Orte lag, und dieser erklärte sich vollständig damit einverstanden, daß Herr Samuel in jener Ecke des Jeddamer Kirchhofes, wo die ungetauften Kinder lägen, beerdigt würde, bewilligte auch dem Bürgermeister eine kleine Abteilung Soldaten für den Fall, daß bei der Bestattung Ruhestörungen vorkämen.

Es wurde nun der Frau Rosette mitgeteilt, wo und wie sie ihren Gemahl beerdigen dürfe, und sie wurde zugleich

ersucht, das Begräbnis bei Nacht vor sich gehen zu lassen, damit Ärgernis vermieden würde. Frau Rosettens Stolz wurde dadurch zwar nicht ganz befriedigt, doch sagte sie sich, daß es sich eigentlich nicht um ihren Samuel, sondern nur um eine nachgemachte Puppe handle, und daß sie froh sein müsse, wenn die Schwindelei so bald wie möglich von der Erde verschwände, und versprach infolgedessen, sich gemäß der empfangenen Weisung zu verhalten.
Die Bürger von Jeddam hatten angesichts der Soldaten beschlossen, sich in diese Sache nicht mehr zu mischen, hielten sich aber während des Begräbnisses in den Häusern, da sie es doch nicht anständig fanden, gegenwärtig zu sein und keinen Tumult zu veranstalten. Es trabte also der schwarzverhangene Wagen durch die stille Mitternacht, als wäre das Dorf durch Zauberei gebannt oder versteinert, und nichts war hörbar als das Trotten der Pferde, das Rollen der Räder und das leise Schwatzen von Frau Rosette und Herrn Ive, die im leichten Gefährt dem Sarge folgten. Mit Hilfe des Totengräbers wurde der vermeintliche Samuel aufs Geratewohl in jene verwilderte Ecke gestopft, worauf die Familie, die unterdessen schon die Koffer gepackt hatte, sich schleunigst auf die Reise begab, um sich mit dem Vater wieder zu vereinigen. Herr Ive blieb einstweilen wegen der Angelegenheiten, um derentwillen der ganze Betrug angezettelt war, in Jeddam zurück.
Dort war aber der Kampf noch keineswegs beendet. Es fanden sich nämlich am Tage nach dem Begräbnis auf der Kirchhofmauer, da, wo die ungetauften Kinder lagen, allerlei fürwitzige Inschriften angemalt, wie zum Beispiel: Hier ist Schweinemarkt! oder: Misthaufen von Jeddam! oder Kehrichthof! und andre Witze dieser Art, was bald zu Ohren der Leute kam, die Kinder an dieser Stelle begraben hatten. An die Spitze der Beleidigten stellte sich der mächtige Pomilko, dem es ohnehin lieber war, auf seiten der Regierung zu stehen, und der nicht zweifelte, daß der alte Darinko, bei dem sich seine Tochter befand, ihm diese Beschimpfung angetan hätte. Dadurch wurde dieser das Haupt einer geistlichen Par-

tei, die fortfuhr, gegen die Anwesenheit des verstorbenen Samuel auf dem Kirchhof zu meutern; er leugnete zwar, die Inschriften an der Mauer verfaßt zu haben, war es aber übrigens wohl zufrieden, aus seiner ärmlichen Bedeutungslosigkeit herausgerissen zu sein, und raufte und hetzte fröhlich unter dem Schutze der Kirche und des Pfarrers. Allmählich geriet der tote Jude, der die Ursache des langwierigen Kampfes gewesen war, bei den beiden Rotten in Vergessenheit, und sie benutzten die Gelegenheit, um allerlei alten Hader auszufechten, taten sich alle erdenklichen Übel an, und es gab so viele blutige Köpfe, gebrochene Gliedmaßen und brennende Scheuern, daß Ärzte, Bader, Polizei und Löschmannschaften Tag und Nacht vollauf zu tun und zu laufen hatten. Der Bürgermeister hätte gern zum Pomilko gehalten, der der mächtigste und begütertste unter den Bauern war und zudem die gerechte Sache vertrat, allein die geistliche Partei war bei weitem zahlreicher, so daß er es mit dieser auch nicht verderben wollte. Der Pfarrer war trunken vom Gefühl seiner Wichtigkeit und triumphierte außer sich: »Feuer ist da! Brand ist da! Vatermord und Brudermord ist da! Habe ich es nicht prophezeit? Habe ich euch nicht gewarnt? Jeddam ist verpestet? Durch Unglauben ist es verpestet! Heraus mit der Eiterbeule von Jeddam! Heraus mit dem ungetauften Gebein aus Jeddam, oder wir werden alle verderben! Kinder, wir werden alle verderben!« Und er weinte, weil er durchaus nicht mehr zweifelte, daß es wirklich so wäre. Der Bürgermeister bat ihn, gleichfalls unter Tränen, dergleichen aufreizende Reden zu unterlassen und lieber das wütende Heer zu beruhigen, aber er brachte den Pfarrer dadurch nur noch mehr auf, der entrüstet sagte, er würde seinen Gott nicht verkaufen und wenn man ihm hundert Goldgulden dafür böte.

Vielleicht wäre Jeddam in Blut und Flammen untergegangen, wenn sich der Bürgermeister nicht aufgemacht hätte, um noch einmal die Hilfe des Kommandanten in Anspruch zu nehmen. Die Nachricht, daß der Kaiser an der Spitze eines Regimentes daherziehe und die Aufrührer niederschmettern würde, verbreitete lähmenden Schrecken, und einer nach dem andern schlich sich nach Hause und an seine Arbeit.

»Darinko«, sagte der Pfarrer an diesem Tage zum Sohne des kleinen Bauern, der an der Spitze der geistlichen Partei gestanden hatte, »ich verspreche dir, daß du Sorka heiraten und ihr Erbe ungeschmälert erhalten wirst, wenn du diese Nacht auf den Kirchhof gehst, den Samuel ausgräbst und in die Melk wirfst.«

»Das will ich wohl tun«, sagte der junge Darinko, »und ich wundere mich, daß wir es nicht schon längst getan haben.«

»Tu es heute«, sagte der Pfarrer, »und es wird dich nicht gereuen«, was alles Darinko der Sorka getreulich wiedererzählte. Sorka erklärte, dem Geliebten in diesem Unternehmen beistehen zu wollen, da es für ihn allein eine schwierige Sache gewesen wäre, denn er mußte sich mit vielen Werkzeugen versehen, nicht nur um das Grab, sondern auch um den schweren Sarg aus Eichenholz zu öffnen, den er nicht bis zum Flusse hätte tragen können. Als es völlig Nacht und rings alles still war, stahlen sie sich aus dem väterlichen Hof und machten sich auf den Weg. Es war eine lange und harte Arbeit, das Grab des Samuel zu finden, das auf keinerlei Art bezeichnet war, und sie mußten graben und wühlen, daß ihnen der Schweiß von der Stirne troff, bis sie endlich auf den großen Sarg stießen, den sie als den richtigen erkannten. Sie atmeten erleichtert auf, und da sie noch eine Weile Zeit hatten, kauerten sie sich nebeneinander auf die aufgeworfene Erde nieder, und Sorka holte Brot, Käse und eine Flasche Bier hervor, die sie zur Stärkung mitgenommen hatte. Ohnehin vergnügt über die Aussicht auf die Heirat, die ihnen der Pfarrer eröffnet hatte, teilten sie das Essen miteinander, faßten sich bei den Händen und küßten sich, und Sorka sagte: »Meinetwegen hätte der alte Jude hier können liegen bleiben, der Stiefmutter zum Tort.«

»War sie wirklich so schrecklich böse?« fragte Darinko neugierig.

»Sie war nicht böser als ich«, sagte Sorka, »aber ich mochte sie nicht leiden, und darum bin ich weggelaufen und lache, wenn sie sich ärgert«, und sie lachte, daß ihre gelben Zähne glänzten.

Sie hatten inzwischen die Arbeit wieder aufgenommen und machten sich daran, den Sarg zu öffnen, was um so schwieriger war, als sie sich bemühen mußten, so wenig Lärm wie möglich dabei zu machen. Als es gelungen war, hielt Darinko einen Augenblick inne und sagte: »Jetzt kommt das schwerste Geschäft; es ist dunkle Mitternacht, und wir sind ganz allein.« Sorka sah ihn listig an und sagte: »Fürchtest du dich? Hast du dich doch nicht gefürchtet, als du mir den ersten Kuß gabst, und ich hätte dir doch ebensogut eine Ohrfeige geben können wie der tote Jude?«
Darinko fühlte seinen Mut durch die Erinnerung an dieses Heldenstück neu belebt, schlug den Deckel zurück und faßte den, der im Sarge lag, um den Leib, in der Absicht, geschwind, ohne ihn anzusehen, mit ihm davonzulaufen und ihn in die Melk zu werfen. Kaum hatte er ihn aber gefaßt, als er ihn mit einem Schrei wieder fallen ließ, etwas so Unerwartetes und Unheimliches war es, den Strohbalg zu berühren. Sorka lachte hell auf über die Bangigkeit des Darinko und beugte sich über die zusammengefallene Puppe, um zu sehen, was es da Fürchterliches gäbe. Als sie inne wurden, daß sie wirklich nur eine ausgestopfte Figur mit Larve und Wachshänden vor sich hatten, blieb dem Darinko vor Erstaunen der Mund offenstehen, während Sorka so unmäßig lachte, daß sie sich auf die Erde werfen und hin und her wälzen mußte. »Was kann das bedeuten?« fragte endlich Darinko, der unsicher war, ob es sich vielleicht um eine zauberhafte Verwandlung oder sonst eine höllische Kunst handelte. »Was geht das uns an?« sagte Sorka. »Wir können keinen andern Samuel in die Melk werfen, als den, den wir gefunden haben; ob es der richtige ist, das ist nicht unsre Sache.« Sie war unterdessen aufgestanden und untersuchte die Puppe eifrig unter fortwährendem Gelächter, wobei sie denn auch den herrlichen Diamantring entdeckte, der noch am Zeigefinger der einen Wachshand saß, sei es, daß Frau Rosette ihn vergessen hatte, oder daß sie ihn absichtlich als ein freiwilliges Opfer zum glücklichen Ausgang des dreisten Abenteuers hatte mit begraben lassen. Jetzt erschrak auch Sorka und fuhr zurück

im Gedanken, es könnte hier Gott weiß was für eine Teufelsschlinge verborgen sein; doch gewöhnte sie sich schnell an die Seltsamkeit und kam zu der Überzeugung, der Ring sei ein kostbarer Ring und nichts weiter, den sie mit Fug und Recht als Belohnung für ihre Arbeit an sich nehmen und für sich behalten könnten. Sie bemächtigten sich des Ringes, gaben sich gegenseitig das Wort, über ihre Entdeckungen gegen jedermann zu schweigen, und fast berauscht vor Glückseligkeit kugelten und tummelten sie noch eine geraume Weile auf dem nächtlichen Friedhof; dann schleppte Darinko den Balg in die Melk, während Sorka den leeren Sarg wieder eingrub, die Erde darüberschaufelte und alles so machte, wie es zuvor gewesen war.

Die Soldaten, die am andern Tage in Jeddam einrückten, fanden nichts mehr zu tun, und da die Rädelsführer bei den verschiedenen Brandstiftungen, Raufereien und andern Missetaten schwer festzustellen waren, kam es auch nicht zu erheblichen Bestrafungen.

Nach einiger Zeit, als in weiter Ferne der arglose Herr Samuel, dem die Familie die Vorfälle in Jeddam verschwiegen hatte, damit er sich nicht etwa eine Kränkung daraus zöge, das gute alte häßliche Gesicht von Wiedersehensfreude glänzend, seine Lieben in die Arme schloß, saß der Pfarrer von Jeddam beim Bürgermeister zu Tisch, und der letztere sagte: »Jedermann weiß, daß Ehrwürden in der Theologie und allen Dingen der Gottesfurcht weiser sind als meine Wenigkeit. Doch kann ich die Bemerkung nicht unterdrücken, daß Pestilenz, Feuersbrunst und Kriegsnot vorüber sind, seit die Soldaten bei uns einrückten, wiewohl der tote Samuel nach wie vor inmitten der ungetauften Kinder begraben liegt.«

»Das tut er bei Gott nicht«, triumphierte der Pfarrer und schlug mit der Faust auf den Tisch, daß es klirrte. »In der Nacht, ehe die Soldaten kamen, habe ich ihn ausgraben und in die Melk werfen lassen, die ihn wohl längst ins Meer geschwemmt hat, wo er bei Fischen und anderm Unrat liegen bleiben mag.«

Der Bürgermeister war so verblüfft, daß er nicht wußte, ob er

lachen oder zornig werden sollte. »Meint Ihr wirklich«, fragte er endlich, »daß das die Ursache ist, warum Frieden und Wohlergehen wieder bei uns eingekehrt sind?«
»Was sonst?« rief der Pfarrer; »unser Gemeinwesen war in großer Gefahr, und ich habe es gerettet, doch prahle ich nicht laut damit, sondern gebe Gott die Ehre.« Und er erhob das volle Weinglas und hielt es dem Bürgermeister zum Anstoßen hin, der, obwohl ihn seine Niederlage wurmte, es für das Feinste hielt, zu schweigen und zu trinken.

3. Bertolt Brecht: Der Jude, ein Unglück für das Volk

Wie die Lautsprecher des Regimes verkünden
Sind in unserm Land an allem Unglück die Juden schuld.
Die sich immerfort mehrenden Mißstände
Können, da die Führung sehr weise ist
Wie sie oft betont hat
Nur von den sich immerfort vermindernden Juden kommen.
Nur die Juden sind schuld, daß im Volk Hunger herrscht
Obwohl die großen Grundbesitzer sich auf den Feldern zu Tode arbeiten
Und obwohl die Ruhrkapitäne nur die Brosamen essen, die von der Arbeiter Tische fallen.
Und nur der Jude kann dahinterstecken, wenn
Für das Brot der Weizen fehlt, weil
Das Militär für seine Übungsplätze und Kasernen
Soviel Boden beschlagnahmt hat, daß er
An Umfang einer ganzen Provinz gleichkommt. Da also
Der Jude für das Volk ein Unglück ist
Kann es hiemit für das Volk nicht schwer sein
Einen Juden zu erkennen. Es braucht dazu
Weder Geburtsregister noch äußere Merkmale –
Alles dies kann ja täuschen –, es braucht nur zu fragen:
Ist der oder jener Mensch ein Unglück für uns? Dann
Ist er ein Jude. Ein Unglück erkennt man

Nicht an der Nase, sondern daran, daß
Man einen Schaden hat dadurch. Es sind nicht die Nasen
Die das Unglück sind, sondern die Taten. Es braucht einer
Da doch keine besondere Nase, um
Das Volk berauben zu können, er braucht doch nur
Zum Regime zu gehören! Jeder weiß
Daß das Regime für das Volk ein Unglück ist, wenn also
Alles Unglück vom Juden kommt, muß
Das Regime vom Juden kommen. Das ist doch einleuchtend!

4. Max Frisch: Der andorranische Jude

In Andorra lebte ein junger Mann, den man für einen Juden hielt. Zu erzählen wäre die vermeintliche Geschichte seiner Herkunft, sein täglicher Umgang mit den Andorranern, die in ihm den Juden sehen: das fertige Bildnis, das ihn überall erwartet. Beispielsweise ihr Mißtrauen gegenüber seinem Gemüt, das ein Jude, wie auch die Andorraner wissen, nicht haben kann. Er wird auf die Schärfe seines Intellektes verwiesen, der sich eben dadurch schärft, notgedrungen. Oder sein Verhältnis zum Geld, das in Andorra auch eine große Rolle spielt: er wußte, er spürte, was alle wortlos dachten; er prüfte sich, ob es wirklich so war, daß er stets an das Geld denke, er prüfte sich, bis er entdeckte, daß es stimmte, es war so, in der Tat, er dachte stets an das Geld. Er gestand es; er stand dazu, und die Andorraner blickten sich an, wortlos, fast ohne ein Zucken der Mundwinkel. Auch in Dingen des Vaterlandes wußte er genau, was sie dachten; sooft er das Wort in den Mund genommen, ließen sie es liegen wie eine Münze, die in den Schmutz gefallen ist. Denn der Jude, auch das wußten die Andorraner, hat Vaterländer, die er wählt, die er kauft, aber nicht ein Vaterland wie wir, nicht ein zugeborenes, und wiewohl er es meinte, wenn es um andorranische Belange ging, er redete in ein Schweigen hinein, wie in Watte. Später begriff er, daß es ihm offenbar an Takt fehlte, ja, man sagte es ihm

einmal rundheraus, als er, verzagt über ihr Verhalten, geradezu leidenschaftlich wurde. Das Vaterland gehörte den andern, ein für allemal, und daß er es lieben könnte, wurde von ihm nicht erwartet, im Gegenteil, seine beharrlichen Versuche und Werbungen öffneten nur eine Kluft des Verdachtes; er buhlte um eine Gunst, um einen Vorteil, um eine Anbiederung, die man als Mittel zum Zweck empfand auch dann, wenn man selber keinen möglichen Zweck erkannte. So wiederum ging es, bis er eines Tages entdeckte, mit seinem rastlosen und alles zergliedernden Scharfsinn entdeckte, daß er das Vaterland wirklich nicht liebte, schon das bloße Wort nicht, das jedesmal, wenn er es brauchte, ins Peinliche führte. Offenbar hatten sie recht. Offenbar konnte er überhaupt nicht lieben, nicht im andorranischen Sinn; er hatte die Hitze der Leidenschaft, gewiß, dazu die Kälte seines Verstandes, und diesen empfand man als eine immer bereite Geheimwaffe seiner Rachsucht; es fehlte ihm das Gemüt, das Verbindende; es fehlte ihm, und das war unverkennbar, die Wärme des Vertrauens. Der Umgang mit ihm war anregend, ja, aber nicht angenehm, nicht gemütlich. Es gelang ihm nicht, zu sein wie alle andern, und nachdem er es umsonst versucht hatte, nicht aufzufallen, trug er sein Anderssein sogar mit einer Art von Trotz, von Stolz und lauernder Feindschaft dahinter, die er, da sie ihm selber nicht gemütlich war, hinwiederum mit einer geschäftigen Höflichkeit überzuckerte; noch wenn er sich verbeugte, war es eine Art von Vorwurf, als wäre die Umwelt daran schuld, daß er ein Jude ist –
Die meisten Andorraner taten ihm nichts.
Also auch nichts Gutes.
Auf der andern Seite gab es auch Andorraner eines freieren und fortschrittlichen Geistes, wie sie es nannten, eines Geistes, der sich der Menschlichkeit verpflichtet fühlte: sie achteten den Juden, wie sie betonten, gerade um seiner jüdischen Eigenschaften willen, Schärfe des Verstandes und so weiter. Sie standen zu ihm bis zu seinem Tode, der grausam gewesen ist, so grausam und ekelhaft, daß sich auch jene Andorraner entsetzten, die es nicht berührt hatte, daß schon das ganze

Leben grausam war. Das heißt, sie beklagten ihn eigentlich nicht, oder ganz offen gesprochen: sie vermißten ihn nicht – sie empörten sich nur über jene, die ihn getötet hatten, und über die Art, wie das geschehen war, vor allem die Art.
Man redete lange davon.
Bis es sich eines Tages zeigt, was er selber nicht hat wissen können, der Verstorbene: daß er ein Findelkind gewesen, dessen Eltern man später entdeckt hat, ein Andorraner wie unsereiner –
Man redete nicht mehr davon.
Die Andorraner aber, sooft sie in den Spiegel blickten, sahen mit Entsetzen, daß sie selber die Züge des Judas tragen, jeder von ihnen.

Du sollst dir kein Bildnis machen, heißt es, von Gott. Es dürfte auch in diesem Sinne gelten: Gott als das Lebendige in jedem Menschen, das, was nicht erfaßbar ist. Es ist eine Versündigung, die wir, so wie sie an uns begangen wird, fast ohne Unterlaß wieder begehen –
Ausgenommen wenn wir lieben.

5. Franz Fühmann: Das Judenauto

Wie tief hinab reicht das Erinnern? Ein warmes Grün, das ist in meinem Gedächtnis wohl das früheste Bild: das Grün eines Kachelofens, um dessen oberes Bord sich das Relief eines Zigeunerlagers gezogen haben soll; doch das weiß ich nur noch aus den Erzählungen meiner Mutter, keine Anstrengung des Hirns bringt mir dies Bild zurück. Das Grün aber habe ich behalten: ein warmes Weinflaschengrün mit stumpfem Glanz. Immer wenn ich mir dieses Grün vor Augen führe, fühle ich mich leicht über den Dielen in Lüften schweben: Ich konnte, wie Mutter erzählte, die Zigeuner nur sehen, wenn Vater mich zweijährigen Knirps in die Höhe hob.
Dann folgt in meinem Gedächtnis etwas Weiches und Wei-

ßes, auf dem ich unendlich lange Zeit stillsitzen und dabei in ein sich auf- und abwärts krümmendes Schwarz starren mußte, und dann eine Höhle Holunder mit einer Bank und einem Mann drauf, der nach Abenteuern roch und mich auf seinem Knie reiten ließ und mir ein Stück wunderbar süßer Wurst in den Mund schob, die ich gierig kaute, und diese Erinnerung ist verbunden mit einem Schrei und einem Sturm, der plötzlich Mann und Laube von mir fortriß, um sie jählings ins Nichts zu wirbeln. Es war natürlich keine Sturmbö, es war der Arm der Mutter, der mich aus der grünen Höhle gerissen hatte, und auch der Schrei war der Schrei ihres Entsetzens gewesen: Der Mann, dessen Knie mich gewiegt hatte, war eine der Spottfiguren des Dorfs: ein heruntergekommener Großbauer, der, auf säbelkrummen Beinen einherschwankend, die Dörfer nach Brot und Schnaps zu durchbetteln pflegte, und der Geruch wilder Abenteuer war sein Atem von Brennspiritus und die Wurst ein Abfall der Roßschlächterei. Jedenfalls muß es herrlich gewesen sein, auf seinen Knien zu reiten: Es ist dies das erste Bild, das ich heute noch ganz deutlich vor mir sehe, und ich war damals drei Jahre alt.

Von da an folgen die Bilder dichter und dichter: die Berge, der Wald, der Brunnen, das Haus, der Bach und die Wiese; der Steinbruch, in dessen Grotten die Geister, die ich mir ausdachte, hausten; Kröte, Hornisse, der Käuzchenruf, die Vogelbeerenallee vor der grauen Fabrik, der Jahrmarkt mit seinem Duft von türkischem Honig und dem Drehorgelgeschrei der Schaubudenausrufer und schließlich die Schule mit ihrem kalkgetünchten, trotz der hohen Fenster stets düstren Korridor, durch den aus allen Klassenräumen heraus die Menschenangst wie eine Nebelschwade kroch. Die Gesichter der Lehrer habe ich vergessen; ich sehe nur noch zwei verkniffene graue Augen über einer langgezogenen messerscharfen Nase und einen von Ringen gekerbten Bambusstock, und auch die Gesichter der Mitschüler sind blaß und unscharf geworden bis auf ein braunäugiges Mädchengesicht mit schmalem, kaum geschwungenem Mund und kurzem hellem

Haar über der hohen Stirn: Das Gesicht, vor dessen Augen man die seinen, zum erstenmal durch eine rätselhafte Macht verwirrt, niedergeschlagen hat, man vergißt es nicht, auch wenn danach Bitteres geschehen ist . . .
Eines Morgens, es war im Sommer 1931, und ich war damals neun Jahre alt, kam, wie immer wenige Minuten vor dem Läuten, das Klatschmaul der Klasse, die schwarzgezopfte, wie ein Froschteich plappernde Gudrun K. wieder einmal mit ihrem Schrei »Ihr Leute, ihr Leute, habt ihr's schon gehört!« in die Klasse gestürmt. Sie keuchte, da sie das schrie, und fuchtelte wild mit den Armen; ihr Atem flog, doch sie schrie dennoch: »Ihr Leute, ihr Leute!« und rang im Schreien schnaufend nach Luft. Die Mädchen stürzten ihr, wie immer, entgegen und umdrängten sie jäh wie ein Bienenschwarm seine Königin; wir Jungen jedoch achteten kaum auf ihr Getue, zu oft schon hatte das Klatschmaul etwas als Sensation ausgeschrien, was sich dann als Belanglosigkeit entpuppte. So ließen wir uns in unserm Tun nicht stören: Wir diskutierten gerade die neuesten Abenteuer unsres Idols Tom Shark, und Karli, unser Anführer, machte uns vor, wie man nach dessen Manier den gefährlichsten Wolfshund im Nu erledigt: ein fester Griff in den Rachen, dorthin, wo die Zähne am spitzesten stehen, den Oberkiefer festgehalten, den Unterkiefer hinuntergerissen, den Schädel im Wirbel gedreht und dem Tier einen Tritt in den Kehlkopf – da hörten wir aus dem Schwarm der Mädchen einen schrillen Schrei. »Iii, wie gräsig!« hatte eines der Mädchen geschrien, ein ganz spitzes quiekendes Iii des panischen Schreckens; wir fuhren herum und sahen das Mädchen stehen, die Hand vor dem weit offenen Mund und in den Augen das blanke Entsetzen, und die Gruppe der Mädchen stand vor Schauder gekrümmt. »Und dann rühren sie das Blut mit Nullermehl[2] an und backen draus Brot!« hörten wir Gudrun hastig berichten, und wir sahen, wie die Mädchen sich schüttelten. »Was erzählst du da für 'n Quatsch!« rief Karli laut. Die Mädchen hörten nicht.

2. feinstes Weizenmehl.

Zögernd traten wir zu ihnen. »Und das essen sie dann?« fragte eine mit heiserer Stimme. »Das essen sie dann zu ihrem Feiertag, da kommen sie zu Mitternacht alle zusammen und zünden Kerzen an, und dann sagen sie einen Zauber, und dann essen sie das!« bestätigte Gudrun mit keuchendem Eifer. Ihre Augen brannten. »Was für ein Zauber?« fragte Karli und lachte, aber das Lachen klang nicht echt. Plötzlich fühlte ich eine seltsame Angst. »So red schon!« schrie ich Gudrun an, und auch die anderen Jungen schrien, und wir drängten uns um die Mädchen, die Gudrun umdrängten, und Gudrun wiederholte in hastigen, fast schreienden Sätzen ihren Bericht: Ein Judenauto sei, so sprudelte sie heraus, in den Bergen aufgetaucht und fahre abends die wenig begangenen Wege ab, um Mädchen einzufangen und zu schlachten und aus ihrem Blut ein Zauberbrot zu backen; es sei ein gelbes, ganz gelbes Auto, so redete sie, und Mund und Augen waren vor Entsetzen verzerrt: ein gelbes, ganz gelbes Auto mit vier Juden drin, vier schwarzen mörderischen Juden mit langen Messern, und alle Messer seien blutig gewesen, und vom Trittbrett habe auch Blut getropft, das hätten die Leute deutlich gesehen, und vier Mädchen hätten sie bisher geschlachtet, zwei aus Witkowitz und zwei aus Böhmisch-Krumma; sie hätten sie an den Füßen aufgehängt und ihnen den Kopf abgeschnitten und das Blut in Pfannen auslaufen lassen, und wir lagen übereinandergedrängt, ein Klumpen Entsetzen, der kreischte und bebte, und Gudrun überschrie unser Grauen mit schriller Käuzchenstimme und beteuerte, obwohl niemand ihre Erzählung anzweifelte, gierig, das sei alles wirklich wahr. Wenn sie gestern nach Böhmisch-Krumma gegangen wäre, um Heimarbeit auszutragen, hätte sie das Judenauto mit eigenen Augen sehen können: gelb, ganz gelb, und vom Trittbrett das tropfende Blut, und ich starrte Gudrun ins Gesicht, das rot war, und dachte bewundernd, daß sie ein tolles Glück gehabt habe, nicht abgeschlachtet worden zu sein, denn daß das Judenauto durch die Felder fuhr und Mädchen einfing, daran zweifelte ich keinen Augenblick.

Ich hatte zwar noch keinen Juden gesehen, doch ich hatte aus den Gesprächen der Erwachsenen schon viel über sie erfahren: Die Juden hatten alle eine krumme Nase und schwarzes Haar und waren schuld an allem Schlechten in der Welt. Sie zogen den ehrlichen Leuten mit gemeinen Tricks das Geld aus der Tasche und hatten die Krise gemacht, die meines Vaters Drogenhandlung abzuwürgen drohte; sie ließen den Bauern das Vieh und das Korn wegholen und kauften von überallher Getreide zusammen, gossen Brennspiritus drüber und schütteten es dann ins Meer, damit die Deutschen verhungern sollten, denn sie haßten uns Deutsche über alle Maßen und wollten uns alle vernichten – warum sollten sie dann nicht in einem gelben Auto auf den Feldwegen lauern, um deutsche Mädchen zu fangen und abzuschlachten? Nein, ich zweifelte keinen Augenblick daran, daß das Judenauto existierte, und auch die Worte des Lehrers, der unterdessen die Klasse betreten und die Nachricht vom Judenauto, die alle Münder ihm zugeschrien, für wenig glaubwürdig erklärt hatte, änderten nichts. Ich glaubte an das Judenauto; ich sah es gelb, ganz gelb zwischen Kornfeld und Kornfeld fahren, vier schwarze Juden mit langen, spitzigen Messern, und plötzlich sah ich das Auto halten und zwei der Juden zum Kornfeld springen, an dessen Rand ein braunäugiges Mädchen saß und einen Kranz blauer Kornraden flocht, und die Juden, Messer zwischen den Zähnen, packten das Mädchen und schleppten es zum Auto, und das Mädchen schrie, und ich hörte ihren Schrei, und ich war selig, denn es war mein Name, den sie schrie. Laut und verzweifelt schrie sie meinen Namen; ich suchte nach meinem Colt, doch ich fand ihn nicht, und so stürmte ich mit bloßen Händen aus meinem Geheimgang hinaus und sprang die Juden an. Den ersten schmetterte ich mit einem Schlag gegen das Kinn zu Boden, dem zweiten, der das Mädchen schon hochgehoben hatte, um es in den Wagen zu wälzen, schlug ich mit der Handkante ins Genick, so daß auch er zusammensank; der Jude am Steuer gab Gas, und der Wagen schoß auf mich zu. Doch darauf war ich natürlich gefaßt gewesen und schnellte zur Seite; das Auto schoß vor-

bei, ich sprang auf sein Heck, zertrümmerte mit einem Faustschlag die Wagendecke, drehte dem Juden auf dem Beifahrersitz das Messer aus der zustoßenden Hand, warf ihn aus dem Wagen, überwältigte den Juden am Steuer, bremste, sprang ab und sah im Gras vorm Kornfeld ohnmächtig das Mädchen liegen, und ich sah ihr Gesicht, das vor mir reglos im Gras lag, und plötzlich sah ich nur ihr Gesicht: braune Augen, ein schmaler, kaum geschwungener Mund und kurzes, helles Haar über der hohen Stirn. Ich sah Wangen und Augen und Lippen und Stirn und Haar, und mir war, als sei dies Gesicht immer verhüllt gewesen und ich sähe es das erste Mal nackt. Scheu befing mich; ich wollte wegsehen und konnte es doch nicht und beugte mich über das Mädchen, das reglos im Gras lag, und berührte, ein Hauch, mit meiner Hand ihre Wange, und mir wurde flammend heiß, und plötzlich brannte meine Hand: ein jäher Schmerz; mein Name dröhnte in mein Ohr; ich fuhr auf, und der Lehrer hieb mir ein zweites Mal das Lineal über den Handrücken. »Zwei Stunden Nachsitzen«, schnaubte er, »ich werd dir das Schlafen im Unterricht schon austreiben!« Die Klasse lachte. Der Lehrer schlug ein drittes Mal zu; die Hand schwoll auf, doch ich biß die Zähne zusammen: Zwei Bänke vor mir saß das Mädchen, dessen Gesicht ich im Gras gesehen hatte, und ich dachte, daß sie jetzt als einzige nicht über mich lachen würde. »Im Unterricht schlafen – glaubt der Kerl, die Bank sei ein Bett!« Der Lehrer hatte das als Witzwort gesprochen, und die Klasse brüllte vor Lachen. Ich wußte, daß sie niemals über mich lachen würde. »Ruhe«, schrie der Lehrer. Das Lachen verebbte. Die Striemen auf meiner Hand wurden blau.
Nach dem Nachsitzen traute ich mich nicht nach Hause; ich grübelte, als ich langsam die Dorfstraße hinaufging, nach einer glaubwürdigen Ausrede und kam schließlich auf den Gedanken, zu Haus zu erzählen, ich hätte dem Judenauto nachgeforscht, und so bog ich, um nicht von der Hauptstraße, sondern von den Feldern aus nach Haus zu kommen, von der Straße ab und ging einen Feldweg hinauf, den Bergen zu: Kornfelder rechts und Wiesen links, und Korn und Gras

wogten mir übers Haupt. Ich dachte nicht mehr ans Nachsitzen und nicht mehr an das Judenauto; ich sah das Gesicht des Mädchens in den Wellen der Gräser, und im Korn sah ich ihr helles Haar. Die Wiesen dufteten sinnverwirrend, das pralle Fleisch der Glockenblumen schwang blau in der Höhe meiner Brust; der Thymian sandte wilde Wellen betäubenden Duftes, Wespenschwärme brausten bös, und der Mohn neben den blauen Raden glühte, ein sengendes Gift, in hitzigstem Rot. Die Wespen schwirrten wild um mein Gesicht, die Sonne dünstete; die Grillen schrien mir eine irre Botschaft zu, große Vögel schossen jäh aus dem Korn auf; der Mohn neben den Raden lohte drohend, und ich war verwirrt. Ich war bisher arglos in der Natur gestanden wie eins ihrer Geschöpfe, eine Libelle oder ein wandernder Halm, doch nun war mir, als ob sie mich von sich stieße und ein Riß aufbräche zwischen meiner Umwelt und mir. Ich war nicht mehr Erde und nicht mehr Gras und Baum und Tier; die Grillen schrien, und ich mußte daran denken, daß sie beim Zirpen die Flügel aneinanderrieben, und plötzlich kam mir das schamlos vor, und plötzlich war alles verändert und wie zum ersten Mal gesehen: Die Kornähren klirrten im Wind, das Gras schmiegte sich weich aneinander, der Mohn glühte, ein Mund, tausend Münder der Erde, der Thymian brodelte bitteren Dunst, und ich fühlte meinen Leib wie etwas Fremdes, wie etwas, das nicht Ich war; ich zitterte und fuhr mit den Fingernägeln über die Haut meiner Brust und zerrte an ihr; ich wollte schreien und konnte doch nur stöhnen; ich wußte nicht mehr, was mir geschah, da kam, Korn und Gras zur Seite drängend, ein braunes Auto langsam den Feldweg herunter.
Da ich es wahrnahm, schrak ich zusammen, als sei ich bei einem Verbrechen ertappt worden; ich riß die Hände von meiner Brust, und das Blut schoß mir jäh in den Kopf. Mühsam sammelte ich meine Gedanken. Ein Auto? Wie kommt ein Auto hierher, dachte ich stammelnd; da begriff ich plötzlich: das Judenauto! Ein Schauer überrann mich; ich stand gelähmt. Im ersten Augenblick hatte ich zu sehen vermeint,

daß das Auto braun war; nun, da ich, entsetzt und von einer schaurigen Neugier angestachelt, ein zweites Mal hinblickte, sah ich, daß es mehr gelb als braun war, eigentlich gelb, ganz gelb, grellgelb. Hatte ich anfangs nur drei Personen drin gesehen, so hatte ich mich sicher getäuscht, oder vielleicht hatte sich einer geduckt, sicher hatte sich einer geduckt, es waren ihrer vier im Wagen, und einer hatte sich geduckt, um mich anzuspringen, und da fühlte ich Todesangst. Es war Todesangst; das Herz schlug nicht mehr; ich hatte sein Schlagen nie wahrgenommen, doch jetzt, da es nicht mehr schlug, fühlte ich es: ein toter Schmerz im Fleisch, eine leere Stelle, die, sich verkrampfend, mein Leben aussog. Ich stand gelähmt und starrte auf das Auto, und das Auto kam langsam den Feldweg herunter, ein gelbes Auto, ganz gelb, und es kam auf mich zu, und da, als habe jemand einen Mechanismus in Gang gesetzt, schlug mein Herz plötzlich wieder, und nun schlug es rasend schnell, und rasend überschlugen sich meine Gedanken: schreien, davonlaufen, im Korn verstecken, ins Gras springen, doch da fiel mir in der letzten Sekunde noch ein, daß ich keinen Verdacht erregen durfte. Ich durfte nicht merken lassen, daß ich wußte: Das war das Judenauto, und so ging ich, von Grauen geschüttelt, mäßigen Schrittes den Feldweg hinunter, mäßigen Schrittes vor dem Auto, das Schritt fuhr, und mir troff der Schweiß von der Stirn, und ich fror zugleich, und so ging ich fast eine Stunde, obwohl es zum Dorf nur ein paar Schritte waren. Meine Knie zitterten; ich dachte schon, daß ich umfallen würde, da hörte ich, wie einen Peitschenschlag knallend, eine Stimme aus dem Wagen: ein Anruf vielleicht oder ein Befehl, und da wurde mir schwarz vor den Augen; ich spürte nur noch, wie meine Beine liefen und mich mit sich nahmen; ich sah und hörte nichts mehr und lief und schrie, und erst als ich mitten auf der Dorfstraße stand, zwischen Häusern und unter Menschen, wagte ich keuchend, mich umzuschauen, und da sah ich, daß das Judenauto spurlos verschwunden war.

Natürlich erzählte ich am nächsten Morgen in der Klasse, daß mich das Judenauto stundenlang gejagt und fast erreicht habe und daß ich nur durch ganz tolles Hakenschlagen entkommen sei, und ich schilderte das Judenauto: gelb, ganz gelb und mit vier Juden besetzt, die blutige Messer geschwungen hatten, und ich log nicht, ich hatte alles ja selbst erlebt. Die Klasse lauschte atemlos; man hatte mich umdrängt und sah mich bewundernd und auch neidvoll an; ich war ein Held und hätte jetzt an Karlis Stelle der Anführer werden können, doch das wollte ich nicht, ich wollte nur einen Blick und wagte doch nicht, ihn zu suchen. Dann kam der Lehrer; wir schrien ihm die ungeheure Nachricht ins Gesicht. Fiebernd schilderte ich meine Erlebnisse, und der Lehrer fragte nach Ort und Zeit und Umständen, und ich konnte alles genauestens angeben, da waren keine Mogeleien und Widersprüche, da gab es nichts als unwiderlegliche Tatsachen: das gelbe, ganz gelbe Auto, die vier schwarzen Insassen, die Messer, das Blut am Trittbrett, der Feldweg, der Befehl, mich zu fangen, die Flucht, die Verfolgung; und die Klasse lauschte atemlos.

Da sah das Mädchen mit dem kurzen, hellen Haar auf, und nun wagte ich, ihr ins Gesicht zu sehen, und sie wandte sich halb in ihrer Bank um und sah mich an und lächelte, und mein Herz schwamm fort. Das war die Seligkeit; ich hörte die Grillen schreien und sah den Mohn glühen und roch den Thymianduft, doch nun verwirrte mich das alles nicht mehr, die Welt war wieder heil, und ich war ein Held, dem Judenauto entronnen, und das Mädchen sah mich an und lächelte und sagte mit ihrer ruhigen, fast bedächtigen Stimme, daß gestern ihr Onkel mit zwei Freunden zu Besuch gekommen sei; sie seien im Auto gekommen, sagte sie langsam, und das Wort »Auto« fuhr mir wie ein Pfeil ins Hirn; in einem braunen Auto seien sie gekommen, sagte sie, und sie sagte auf die hastige Frage des Lehrers: Sie seien zur gleichen Zeit, da ich das Judenauto gesehen haben wollte, den gleichen Feldweg hinabgefahren, und ihr Onkel habe einen Jungen, der am Wiesenrand gestanden habe, nach dem Weg gefragt, und der Junge sei schreiend davongelaufen, und sie strich die Zunge über ihre dünnen Lippen und sagte, ganz langsam, der Junge am Weg habe genau solche grünen Lederhosen getragen wie ich, und dabei sah sie mich freundlich lächelnd an, und alle, so fühlte ich, sahen mich an, und ich fühlte ihre Blicke bös wie Wespen schwirren, Wespenschwärme über Thymianbüschen, und das Mädchen lächelte mit jener ruhigen Grausamkeit, deren nur Kinder fähig sind. Als dann eine Stimme aus mir herausbrüllte, die blöde Gans spinne ja, es sei das Judenauto gewesen: gelb, ganz gelb und vier schwarze Juden drin mit blutigen Messern, da hörte ich wie aus einer anderen Welt durch mein Brüllen ihre ruhige Stimme sagen, sie habe mich ja selbst vor dem Auto davonlaufen sehen. Sie sagte es ganz ruhig, und ich hörte, wie mein Brüllen jählings abbrach; ich schloß die Augen, es war totenstill, da plötzlich hörte ich ein Lachen, ein spitzes, kicherndes Mädchenlachen wie Grillengezirp schrill, und dann toste eine brüllende Woge durch den Raum und spülte mich fort. Ich stürzte aus der Klasse hinaus und rannte aufs Klosett und schloß hinter mir zu; Tränen schossen mir aus den Augen, ich stand eine Weile betäubt im beizenden Chlorgeruch und hatte keine Gedanken und starrte die schwarzgeteerte, stinkende Wand an, und plötzlich wußte ich: Sie waren dran schuld! Sie waren dran schuld, sie, nur sie: Sie hatten alles Schlechte gemacht, das es auf der Welt gibt, sie hatten meinem Vater das Geschäft ruiniert, sie hatten die Krise gemacht und den Weizen ins Meer geschüttet, sie zogen mit ihren gemeinen Tricks den ehrlichen Leuten das Geld aus der Tasche, und auch mit mir hatten sie einen ihrer hundsgemeinen Tricks gemacht, um mich vor der Klasse zu blamieren. Sie waren schuld an allem; sie, kein anderer, nur sie! Ich knirschte mit den Zähnen: Sie waren schuld! Heulend sprach ich ihren Namen aus; ich schlug die Fäuste vor die Augen und stand im schwarzgeteerten, chlordünstenden Knabenklosett und schrie ihren Namen: »Juden!« schrie ich und wieder: »Juden!«, wie das nur klang: »Juden, Juden!«, und ich stand heulend in der Klosettzelle und schrie, und dann erbrach ich mich. Juden. Sie waren schuld. Juden. Ich würgte und ballte die Fäuste. Juden. Judenjudenjuden. Sie waren dran schuld. Ich haßte sie.

6. *Walter Matthias Diggelmann: Der Jud Bloch*

Seit Jahren, aber mit großen Unterbrüchen, sammle ich Häuser aller Art. Ich antworte auf Verkaufsinserate in Zeitungen, auch wenn es darin heißt, der Käufer müsse über ein Eigenkapital von vierhunderttausend Franken verfügen können. Ich lasse mich ungeniert durch Villen mit fünfzehn Zimmern, vier Badezimmern, geheiztem Schwimmbassin und zehntausend Quadratmeter Umschwung führen. Ich diskutiere mit dem Makler ernst über die Vor- und Nachteile, die Unterhaltskosten, die Gehälter des erforderlichen Personals, ich erkundige mich eingehend nach dem Erbauer der Liegenschaft und, falls das Haus schon mehrmals den Besitzer gewechselt hat, möchte ich etwas über den Besitzer erfahren, der jetzt verkaufen will. Warum er diese prächtige Villa verkaufen wolle oder diesen wunderbaren Landsitz oder das guterhaltene, aus dem 19. Jahrhundert stammende Bauernhaus mitsamt Scheune, Stall und Gemüsegarten, jedoch ohne Wiesen und Äcker. Es kommt auf den Makler an oder auf dessen Beauftragten, zuweilen ist es auch eine Amtsperson, ob man viel erfährt, wenig oder gar nichts. Selten hat man Gelegenheit, mit dem Besitzer persönlich zusammenzutreffen. Man kann als Faustregel sagen, je höher der Kaufpreis ist, desto geringer die Chance, den Besitzer selbst zu sehen. Ich melde mich aber nicht nur auf Zeitungsannoncen. Auf unseren Spazierfahrten durchs Waadtland[3], unsere jetzige Heimat, sei es durch die Weinberge des Lavaux oder der Côte, sei es hinauf in die Jurahöhen oder durch die vielen Bauerndörfer des Jorat[4] entgeht uns kaum ein unbewohntes Haus, davor meistens ein brachliegender Garten, die Fensterläden geschlossen; wir halten vor der nächsten Auberge, bestellen unseren Halben Salvagnin oder Gamay[5], fragen nebenbei nach dem Besitzer des unbewohnten Hauses und erfahren so oft, ob es zu kaufen wäre oder ob es auf die Erben wartet, die vielleicht erst in einigen Jahren werden einziehen können.

3. Kanton im Südwesten der Schweiz; Hauptstadt Lausanne.
4. bewaldetes Hochplateau über dem Genfer See.
5. im Waadtland angebaute Rotweine.

In P., einem Bauerndorf des Jorat mit ungefähr tausend Einwohnern, hauptsächlich Bauern, sahen wir schon vor Monaten einen großen unbewirtschafteten verlassenen Bauernhof. Gemüse- und Obstgarten umrandeten Haus und Stall und Scheune und Geräteschuppen. Altertümlich anmutende Mähmaschinen und Pflüge standen ungeschützt und verrostet im Hof. An den geschlossenen Fensterläden blätterte die blaßgrüne Farbe ab, auch die Eternitplatten, welche auf der Wetterseite den oberen Teil des Hauses vor Regen schützten, hatten sich verfärbt, waren fleckig und teils schon losgelöst. Der Hof mußte seit Jahren, wenn nicht Jahrzehnten unbewohnt sein. Wir wendeten unseren Wagen auf dem Hof und fuhren in den Dorfkern, wo wir bei der erstbesten Auberge Halt machten. Es war ein schöner Augustnachmittag, das Dorf menschenleer, weil zu dieser Jahreszeit die Bauern das Korn ernten; sie brummen mit riesengroßen Ungetümen über die Felder, den ganzen Tag, und wenn es in der Nacht windstill ist und mondhell, steuern sie ihre Mähdrescher bis lange über Mitternacht hinaus durch ihre Weizen-, Roggen- und Gerstenäcker. Zu Hause, wie in den Restaurants oder den kleinen Spezereiläden, bleiben an solchen Tagen nur die Großeltern oder gar die Urgroßeltern. Es kommen ja kaum Gäste oder Käufer. Auch in dieser Auberge saß ein altes gebücktes Mütterchen, als wir uns gesetzt hatten, kam sie schlurfend an unseren Tisch. Wir bestellten unseren Wein und eine Portion Gruyère[6], und als das Mütterchen uns die Sachen brachte, forderten wir es auf, sich an unseren Tisch zu setzen. Man brauche diese heißen Tage, bis zu dreißig Grad, selbst im Schatten fünfundzwanzig, nur so bringe man die Ernte ohne Einbuße unter Dach, aber für die alten Leute sei es zuweilen zuviel des Guten; auch der Tod, sagte die Frau, bringe die Ernte ein, schon vier Frauen, mit denen sie vor fast achtzig Jahren die Schule besucht habe, seien in den letzten drei Wochen gestorben. Wir rühmten die Schönheit und Sauberkeit des Jorats im allgemeinen und dieses

6. Schweizer Käse.

Dorfes im besonderen, die Fruchtbarkeit der Erde, den Fleiß der Bauern.

Endlich kamen wir auf den verlassenen Bauernhof zu sprechen. Die Frau schaute uns an, schaute von uns weg, zögerte, machte eine Bewegung mit der rechten Hand. Der Hof steht seit vielen Jahren leer, sagte ich fragend. Leer? O nein, sagte die Frau, unbewohnt ist das Haus nicht. Dann hätten wir uns getäuscht, der Besitzer sei wohl verreist, deshalb die geschlossenen Fensterläden ... aber darauf erpicht, Haus, Stall und Scheune in gutem Zustand zu erhalten, sei der Besitzer wohl nicht gerade. Wieder sah uns die Frau an. Sie wisse nicht, ob wir das verstünden, wir seien sehr jung und sähen die Welt mit anderen Augen, aber ... Aber? Der Besitzer, sagte die Frau leise und neigte ihren Oberkörper uns zu, der Besitzer sei zwar tot, aber er bewohne das Haus immer noch. Und darum wolle man es nicht verkaufen. Man habe zwar die Erben finden können, in Amerika, aber die hätten den Hof der Gemeinde geschenkt, der Hof sei also schon seit langem Gemeindebesitz, aber man wolle ihn nicht verkaufen, und den Hof abbrechen und das neue Schulhaus an seine Stelle bauen oder sonst ein öffentliches Gebäude, dazu möge auch keiner »Ja« sagen. Und als vor Jahren in der Scheune Feuer gelegt worden sei, da sei die Feuerwehr rascher ausgerückt als sonst und habe das Feuer in kürzester Zeit gelöscht. Nachher hätten einige gesagt, es wäre klüger gewesen, nicht auszurükken, dann wären wir den Hof los, es wäre ja nicht das erste Mal, daß ein Feuer so stark wütete, daß die Feuerwehr ohnmächtig zusehen mußte. Alltäglich sei das, man könne es in den Zeitungen lesen, aber die anderen sagten, man sei es dem Toten schuldig, und noch andere, jüngere, sagten, man sei eingeschritten, weil man sich habe ausrechnen können, daß das Feuer gelegt worden sei und sogar durch wen, und weil man ein zweites Verbrechen nicht dulde in diesem Dorf.

Ein Verbrechen?

Die Frau schaute uns lange an, nickte, daß wir es kaum wahrnehmen konnten.

Und der Brandstifter?

Den habe man seit jener Nacht nicht mehr gesehen, weder im Dorf noch sonst irgendwo im Jorat. Die Polizei habe ihn auch nicht gesucht, nicht suchen können. Niemals sei sein Name ausgesprochen worden, sein Name sei nie mehr über die Lippen eines einzigen Menschen dieses Dorfes gekommen, nachdem er 1955 wieder heimgekehrt sei. Auch gegrüßt habe man ihn nicht, nicht einmal angesehen. Er habe nach seiner Entlassung aus dem Zuchthaus zwei Jahre bei seiner Mutter gelebt, dann aber sei die Mutter gestorben, und er habe wohl das Feuer gelegt, um die Erinnerung auszulöschen.
Aber das hätten sie ihm eben nicht durchgelassen ... Die alte Frau machte eine Pause, sah uns unverwandt an, als bitte sie uns, doch auch so zu verstehen, ohne daß sie uns alles ausführlich erklärte. Aber wir wußten nichts, konnten darum wenig verstehen. Er sei zwar der Mörder gewesen, sagte sie endlich, man habe ihn einwandfrei überführen können, und schließlich habe er auch gestanden, aber die anderen ... die ihn dann nicht mehr kannten, die ...
Er hatte also den Besitzer des Hofes ermordet?
Die Frau nickte. Ein Viehhändler. Ein Jud. 1942.
Ein Jud? Hier im Waadtland, im Jorat?
Wir wollten es nicht glauben. Die Welschen, die allem Deutschen den Rücken zukehren, die Arme ausbreiten Richtung Frankreich. Oder war's eine private Angelegenheit, ein Racheakt?
Nein, nein, antwortete die Frau, sie haben den Bloch umgebracht, weil er Jud war. Und Viehhändler. Ein reicher Viehhändler. Aber hilfsbereit. Die meisten konnten es auch nicht begreifen. Aber es war die Wahrheit.
Er war kurz nach dem Ende des Ersten Weltkrieges zu uns gekommen, dieser Bloch. Der große Hof, »La ferme du Pontet« war zu verkaufen, der alte Chessex hatte keine Söhne, die den Hof hätten übernehmen können. Und die Schwiegersöhne wollten nicht. Niemand in der Familie wollte. Da verkaufte er. Und mit Bloch wurde er sofort einig. Der bezahlte, was der alte Chessex verlangte. »Il ne marchandait pas«, er

handelte nicht. Daß er Viehhändler war, kam erst später heraus. Er zog im Sommer 1920 auf dem Hof ein. Hatte gerade geheiratet. Sie war auch Jüdin. Aber daß sie Juden waren, merkte kein Mensch. Daß sie Juden waren, wurde uns erst in den dreißiger Jahren gesagt, in den späten dreißiger Jahren. Bloch war ein guter Viehhändler. Er kaufte bald für den ganzen Jorat Kälber, Rinder, Kühe, Pferde ein. Unsere Leute fuhren nur noch aus Spaß nach Saignelégier an die Pferdetage. Bloch kaufte für sie ein. Nicht nur, daß er ein besonderes Gespür hatte, einen Instinkt wie kaum einer in der Umgebung, Bloch gab Kredit. Und Bloch kaufte auch bei unseren Leuten, wenn einer verkaufen mußte. Und er drückte nicht auf den Preis. Er gab auch Darlehen. Natürlich gab er keine Darlehen ohne Sicherheit. Er nahm Pfandbriefe für Geld. Er übernahm Hypotheken und Schuldscheine. Er kaufte auch Land. Er war der erste weit und breit, der schon in den zwanziger und dreißiger Jahren moderne Maschinen besaß. Und er lieh seine Maschinen den anderen Bauern aus. Natürlich nicht umsonst. Das hatte auch keiner gewollt. Er hatte ein richtiges Büro und einen Verwalter. Das war ein Agraringenieur. Bloch war tüchtig. Gescheit. Wohl zu gescheit.
Zu gescheit?
Und er war keiner von uns, kein Welscher, schon gar kein Waadtländer.
Aber Schweizer?
Das schon. Aber er war nicht immer Schweizer gewesen. Sein Vater, sagte man, sei aus Deutschland in die Schweiz gekommen, habe sich hier das Bürgerrecht erworben. Im Aargau.
Die Waadtländer, sagte ich, obwohl Marianne auch Waadtländerin ist, waren auch nicht immer Schweizer. Und vor hundertundsechzig Jahren waren sie nichts weiter als Untertanen der Berner. Die Frau lächelte, sagte, aber Waadtländer waren sie, Welsche. Doch gleich meinte sie, so zu reden sei eine »connerie«[7], und sie und ihre Familie hätten überhaupt nie so dahergeredet, aber damals, während der schlimmen

7. Dummheit.

Jahre, damals, als es sich herausstellte, wer den Zug verpaßt hatte und wer nicht, da mußten Sündenböcke her.
Den Zug verpaßt?
Nun ja, wer eben nicht wie Bloch die Methoden in der Landwirtschaft modernisierte, wer glaubte, Patriotismus allein genüge, damit der Weizen blühe und die Kühe viel Milch gäben, wer sein Geld noch immer unter der Matratze versteckte, statt damit Maschinen zu kaufen, wer sagte, bei uns hat man es immer so gemacht, warum und wozu es ändern, ja, die hätten es schwer gehabt, hätten Sorgen und Schulden gehabt, und die Banknoten unter der Matratze hätten sich auch nicht vermehrt, die hundert Frankenscheine vom Jahre 1925 seien dann 1935 nur noch fünfzig oder weniger Franken wert gewesen, und so seien dann einige mit ihren Schulden zu Bloch gegangen, hätten ihm ihr Land angeboten, ja einzelne sogar ihre Höfe, und Bloch habe gekauft, sicher in der Absicht, den Leuten zu helfen, denn selbst habe er weder Land nötig gehabt, noch zwei oder drei Höfe mehr, das habe sich ja auch gezeigt, als er die Höfe und das Land wieder verpachtet habe. Ja, und dann sei der Krieg gekommen, und die jungen Männer hätten zum Grenzschutz einrücken müssen, und das habe für die Bauern wieder Probleme gegeben, Bloch habe nicht zum Militär einrücken müssen, er sei militäruntauglich gewesen, und dann habe es natürlich an Arbeitskräften gefehlt und Bloch, weil er die höchsten Löhne habe bezahlen können, sei nie in Verlegenheit gewesen ... muß ich noch mehr sagen.
Aber das ist nicht alles, sagte die Frau. Ihre Stimme sank zu einem Flüstern herab. Angefangen hat das mit dem Hitlerismus. Da haben sie auch bei uns die patriotischen Vereine gegründet. Und was Sie gar nicht glauben werden, das waren ganz junge Leute. Man müsse die Heimat von diesen fremden Fötzeln und Halunken säubern. »La Suisse aux Suisses.« Die Schweiz den Schweizern. Auf einmal wußte man, wer Schuld hatte an unserer Misere. Der Jud. Und bei uns war eben der Bloch der Jud. Hier, in dieser Wirtsstube, haben sie gestritten, die Jungen mit den Alten. Mehr als einmal mußten wir

die Gendarmerie anrufen, weil es zu Schlägereien kam, aber natürlich blieben die Gendarmen aus. Die hatten Angst. Man wußte ja nicht, wie's enden würde. Und wenn's soweit kommen sollte, wie die Patrioten, »les Nationalistes«, es voraussagten, daß Deutschland Herr würde in Europa ... ja, da mußten sie sich vorsehen ... Dabei haben sie übersehen, daß nicht die Juden unser Dorf ... heute nennen sie es überfremden ... nein, es kamen die Bonzen aus Lausanne, von Genf, von Bern und Zürich und Basel, die kauften ganze Bauernhöfe, Refugien, Kapitalanlagen, noch heute weiß man bei uns nicht genau, wer sein Geld auf unseren Höfen hat, wem Hunderte von Hektaren wirklich gehören. Viele von uns sind nur noch Pächter. Man hat hier nach dem Kriegsende erzählt, viele Großindustrien hätten damals von der Angst der Kleinen profitiert und nicht zuletzt, sie hätten die Angst und den Haß geschürt. Wer dem Junod nach dem Mord den besten Strafverteidiger aus Lausanne bezahlt hat, ist nie herausgekommen. Wissen Sie, ich und mein Mann hatten nie etwas übrig für Junod, aber daß er allein vor Gericht kam und allein zu lebenslänglichem Zuchthaus verurteilt wurde, das hat mit Gerechtigkeit nichts zu tun. Der Junod ...
Der Junod?
Der hat im Mai 1942 den Bloch ermordet. Aber nicht allein. Das wußten alle. Er hat es sogar zugegeben vor Gericht, daß er nicht alleine gewesen ist. Er hat Namen genannt. Und man hat die Männer gesucht. Alle von hier. Man hat sie nie gefunden. Man hat gesagt, sie seien noch in der gleichen Nacht im Jura über die Grenze nach Frankreich, zu den Deutschen. Später seien sie im Krieg umgekommen ... Der Junod hat vor Gericht gelacht, als er das Urteil hörte. Fünfzehn Jahre? hat er gelacht, in fünfzehn Tagen hängt ihr. Die deutschen Divisionen stehen schon an der Grenze ... Es war schrecklich. Sie sind mitten in der Nacht bei Bloch eingedrungen, haben seine Frau und die beiden Kinder gefesselt, den Bloch natürlich auch, und ihn haben sie vor den Augen der Frau und der Kinder in der Scheune erhängt. Und dann sind sie fortgegangen. Die Frau und die Kinder mußten beim Ermordeten aus-

harren, bis sie endlich am nächsten Nachmittag entdeckt wurden. Die Kinder hatten Junod erkannt. An einer Narbe an der rechten Hand. Das Gesicht war maskiert. Und dann fand man Spuren bei Junod, und er gab alles zu. Er war sicher, daß er als Held in die Geschichte des Waadtlandes eingehen würde ...
Wer war Junod?
Junod? Ein Student. Einer, der kein Examen bestehen konnte. Ein Versager. Einer von denen, die sagten, sie würden die Prüfungen nicht bestehen, weil an den Universitäten die jüdischen Professoren das letzte Wort hätten. War Offizier. Wie sein Vater. Immer korrekt ... Der Vater war Oberst. Er besuchte seine Frau nur nachts. Und selten. Die Mutter kam nicht oft ins Dorf. Und immer in Schwarz. Sie mußte schließlich einkaufen. Der Vater erschoß sich 1944, als herauskam, daß er einer Verschwörung gegen General Guisan angehört hatte ...
Wir hatten uns schon lange gewundert über diese Klarheit des Berichtes, über die wache Intelligenz dieser alten Frau, und ich wollte wissen, woher sie komme, welche Schulen sie besucht habe. Ach, wehrte sie lächelnd ab, gar nichts sei sie, in ihrer Familie seien sie immer Bauern gewesen, sie habe nur etwas von der Welt gesehen, weil sie als Laiendarstellerin während dreißig Jahren im »Théatre du Jorat« in Mézières gespielt habe ... Aber wenn ich im Sinn hätte, den Bloch-Hof zu kaufen, könne sie mir schon jetzt sagen, daß die Gemeinde ihn nicht verkaufe. Vielleicht wenn wir, die wir Zeugen waren, nicht mehr leben, wenn wir nicht mehr dreinreden können, wird der Hof einmal abgebrochen ...

III. Die nationalsozialistische Judenverfolgung im Spiegel literarischer Texte

1. *Lion Feuchtwanger: Abgeholt*

Lion Feuchtwangers 1933 bereits im Exil niedergeschriebener Roman »Die Geschwister Oppermann« schildert das Schicksal der weitverzweigten deutsch-jüdischen Fabrikantenfamilie Oppermann in der Zeit vom November 1932 bis zum Spätsommer 1933. Im Mittelpunkt der Handlung steht der schriftstellernde Privatier Dr. Gustav Oppermann, der als Gegner des neuen Regimes gilt, seitdem er seine Unterschrift unter ein oppositionelles Manifest gesetzt hat. Nach dem Reichstagsbrand muß Oppermann Deutschland überstürzt verlassen; sein Bruder Edgar, angesehener Chirurg an einer Berliner Klinik, wird von seiner Wirkungsstätte vertrieben, der jüngere Bruder Martin, Chef des traditionsreichen Möbelhauses Oppermann, von der SA verhaftet. Um Material über den Terror der Nationalsozialisten zu sammeln, kehrt Gustav Oppermann unter falschem Namen noch einmal ins Reich zurück; er wird jedoch verhaftet und in ein KZ verschleppt. Gesundheitlich ruiniert, stirbt er kurz nach seiner Freilassung in einem böhmischen Sanatorium.

Der großbürgerliche Wirklichkeitshorizont des Romans wird ergänzt durch die Episoden um den kleinen Angestellten Markus Wolfsohn, der in einer Filiale des Hauses Oppermann als Möbelverkäufer tätig ist. Hilflos sehen sich Wolfsohn und seine Angehörigen nach der nationalsozialistischen Machtübernahme einer zunehmend feindlichen Umwelt gegenüber.

In seinem schwarzen Ohrensessel in der Wohnung in der Friedrich-Karl-Straße sitzt Herr Markus Wolfsohn. Das Abendessen war dürftig, Brot, Butter, ein zweifelhafter Aufstrich. Frau Wolfsohn hält jetzt jeden Pfennig zusammen, kontrolliert aufs schärfste die Kasse.

Heute abend sagt sie Herrn Wolfsohn einmal wieder ihre

Meinung. Sie tut das jetzt oft. Sehr deutlich, aber nicht laut. Es ist nicht nötig, daß man es nebenan bei Zarnkes hört. Herr Wolfsohn versteht sie, auch wenn sie leise spricht; sie hat das gleiche schon tausendmal gesagt. Man muß fort, man muß türmen, lieber heute als morgen. Die Frauen hier im Haus, trotzdem die Männer fast alle das Hakenkreuz tragen, reden noch mit ihr, aber nur heimlich; kommt jemand dazu, brechen sie ab. Frau Hoppegart meint, es werde noch viel schlimmer kommen. Alle raten ihr, zu türmen. Aber wie? Und wohin? Zweitausendsechshundertvierundsiebzig Mark sind auf der Bank. Hätte man ihr gefolgt und mehr gespart, hätte Herr Wolfsohn nicht immer so hoch hinausgewollt bei der Einrichtung, dann hätte man seine vier- oder fünftausend zusammen. Der Ohrensessel zum Beispiel. Er war eine Okkasion, eine Mezije, gewiß. Aber wer kein Geld hat, muß eben auch an einer Mezije vorbeigehen können.
Herr Wolfsohn läßt sie reden. Wenn man im Pech sitzt, begehren die Weiber auf und »haben es immer gewußt«, das ist eine alte Geschichte. Nur nicht so gräßlich übertreiben sollte sie. Vier- oder fünftausend Mark. Niemals hätte man das zusammenkratzen können. Der einzige Luxus, den er sich zeitlebens genehmigt hat, war die neue Fassade. Aber damals sahen die Dinge noch besser aus. Damals schmissen sie einen nur aus der fahrenden Untergrundbahn, nicht aus dem Land.
Herr Wolfsohn macht einen zaghaften Versuch, Optimist zu sein. Aus den Deutschen Möbelwerken ist er hinausgeflogen: aber sitzt er nicht vorläufig warm bei Herrn Oppermann? Allein damit ist auch alles erschöpft, was Herrn Wolfsohns Optimismus stützen könnte. Von hier an wird es schwarz. Die völkischen Betriebsräte hetzen, der Packer Hinkel verlangt, daß man ihn vor die Tür setzt. Herr Oppermann hat Haare lassen müssen deshalb. Herr Oppermann hat sich sehr anständig benommen, aber wie lange noch wird er ihn halten können?
Und selbst wenn, es ist keine Freude mehr zu leben. Wenn er so wie jetzt bis an sein Ende soll weiterleben müssen, dann

lieber gleich den Gashahn auf. Es ist nur eine Frage der Zeit, bis sie ihn bei den Ollen Matjes[1] ausschließen; sie haben ihn gern, aber sie müssen es. Und hier sein Mietkontrakt wird auch nicht erneuert werden. Er sitzt auf Abbruch da, die Wohnung wackelt ihm sozusagen unter den Füßen. Sicher werden sie Mittel und Wege finden, Herrn Zilchow, den Schwager Herrn Zarnkes, vor Ablauf der Frist hereinzusetzen.

Eigentlich sind in dem Block jetzt lauter Herren Zarnkes. Der Originalzarnke macht sich nicht einmal mehr die Mühe, Drohungen auszustoßen. Sieht er Herrn Wolfsohn, dann streckt er nur den Arm aus und ruft »Heil Hitler«. Und »Heil Hitler« muß Herr Wolfsohn erwidern. »Sagten Sie was?« macht sich dann Herr Zarnke manchmal den Spaß, ihn zu fragen, und »Heil Hitler« muß Herr Wolfsohn wiederholen.

Was man sonst hört, von den Kollegen im Geschäft, von den paar jüdischen Bekannten, ist schauerlich. Herr Wolfsohn will es gar nicht hören. Sagt man so etwas weiter, hört man es nur an, sitzt man, hastdunichtgesehen, im Konzentrationslager. Auch Marie bringt solche Geschichten mit nach Hause, sehr üble Geschichten, die ostjüdischen Bekannten ihres Bruders Moritz Ehrenreich flüstern sie ihr zu. Aber da wehrt sich Herr Wolfsohn, da begehrt er auf, da verbietet er Marie den Mund, das duldet er unter keinen Umständen, das sind jene Greuelmärchen, die einen ins Zuchthaus bringen.

Sind es Greuelmärchen? Herr Wolfsohn sagt es sich mit Nachdruck, will, daß sie es seien. Einmal aber, nachts, von einer Inventuraufnahme kommend, hat er vor einem alten Haus im Zentrum ein Auto stehen sehen, eines jener ganz großen Autos, auf denen die Völkischen herumzurasen pflegen. Sie hatten die Scheinwerfer eingeschaltet, so daß die Straße weithin grell im Licht lag. Herr Wolfsohn wollte erst einen Bogen machen, aber er überlegte, das sähe nur auffällig aus; so ging er seinen Weg auf der andern Straßenseite weiter, vorbei an dem riesigen Auto, das, von nur zwei Mann

1. »Die ollen Matjesheringe«; Sparverein, in dem Wolfsohn Mitglied ist.

bewacht, mit seinen mächtigen Scheinwerfern sehr unbehaglich und kriegerisch dareinschaute. Offenbar hielten sie eine Haussuchung, eine Razzia oder so etwas. Ja, gerade als Herr Wolfsohn vorbeiging, brachten sie einen heraus. Herr Wolfsohn schaute nicht hin, es war besser, sich um nichts zu kümmern, aber ein ganz klein wenig hinüberschielen mußte er doch, voll ängstlicher Neugier. Er sah einen Menschen in einem braunen Anzug, einem ähnlichen, wie er selber ihn hatte; einer hielt den Menschen am Kragen, einer hielt seinen rechten, einer seinen linken Arm, der Mensch hielt den Kopf gesenkt, er sah heillos zerbeult aus. Für den winzigen Teil eines Augenblicks sah Herr Wolfsohn sein Gesicht, es war gelb, fahl, ein riesiger, blauschwarzer Fleck lief über das Auge.
Herr Wolfsohn hatte Marie nichts davon gesagt, aber er brachte das gelbe, fahle, erschöpfte Gesicht des Menschen nicht mehr aus seinem Hirn. Immer seither, wenn er, nach Hause kommend, in die Friedrich-Karl-Straße einbog, spähte er scheu, ob da nicht eines jener großen Autos halte. Nacht für Nacht hatte er Angst, es könnten plötzlich die mächtigen Scheinwerfer des Autos in seine Fenster fallen, trotzdem das unmöglich war; seine Wohnung lag viel zu hoch. Er stellte sich vor, wie es mitten in der Nacht läute, und eh man Zeit gehabt hat, aufzumachen, sind sie schon herein, und man hat eins mit dem Knüppel überm Aug, und man hat einen Fleck, groß wie der Fleck über dem Bild, und das Gesicht gelb und fahl wie jener Mensch.
Er schlief schlecht in diesen Nächten. Marie hatte er kein Wort von seinem Erlebnis erzählt; um so mehr traf es ihn, als sie einmal, wie er schlaflos lag, plötzlich näher an ihn heranrückte und sagte: »Ich hab solche Angst, Markus, heute nacht kommen sie.« Er wollte etwas Heftiges erwidern, was das für ein Bockmist sei, aber er konnte es nicht. Sie sprach ja nur aus, was er selber dachte. Er konnte nicht mehr einschlafen, und er merkte, daß auch sie nicht mehr schlief. Seine Angst steigerte sich. Er sagte sich, das sei doch alles Stuß, er habe doch nichts ausgefressen. Vier Millionen und zweihunderttausend Menschen leben in dieser Stadt Berlin, er hat genauso

viel und so wenig getan wie sie alle, warum soll denn gerade er Angst haben? Aber es nützte nichts. Er dachte an den Packer Hinkel, er dachte an Herrn Zarnke, und er hatte Angst, immer mehr Angst, er schwitzte, der Magen tat ihm weh, er wünschte, es wäre erst Morgen. Dann wieder hatte er eine furchtbare Wut, daß gerade er solche Angst ausstehen müsse. Warum denn er? Warum denn nicht Herr Zarnke? Eine zweite solche Nacht jedenfalls macht er nicht mehr durch. Er schmeißt es hin. Das ist ja Unsinn, so zu leben. Er geht einfach fort, über die Grenze, irgendwohin. Überall ist es besser als so. Wenn es nur erst Morgen wäre.
So wie Markus Wolfsohn und seine Frau lagen viele in Berlin und in den Städten des Reichs. Sie hatten nichts getan, aber ein Packer Hinkel war da oder ein Herr Zarnke, und sie fürchteten, der werde ihnen die Landsknechte auf den Leib schicken. Ihre Väter hatten hier seit Jahrhunderten gelebt, in den meisten Fällen länger als die Väter der Landsknechte, und sie konnten sich ein Leben anderswo schwer vorstellen. Dennoch hätten sie alle gerne dies Land verlassen, ihr Heimatland, oh, wie gerne. Aber wie sollten sie anderswo leben? Wenn sie Betriebe hatten, dann zwang man sie, ihre Betriebe für nichts wegzugeben. Wenn sie Geld hatten, ließ man sie ihr Geld nicht mitnehmen, und die andern Länder ließen sie ohne Geld nicht herein. Einige gab es auch, wie Herrn Weinberg, die blieben in Deutschland, weil sie sich nicht vorstellen konnten, wie sie mit weniger Geld auskommen sollten als bisher; sie zogen es vor, ständig in Angst und Gefahr zu leben und bei ihrem Geld zu bleiben.
Was Herrn Wolfsohn anlangt, so fühlte er sich am Morgen sehr zerschlagen. Aber als er sich abgeduscht hatte und ins Geschäft fuhr, dachte er nicht mehr daran, aus Deutschland wegzuziehen. Wohin denn sollte er fahren? Nach Palästina? Ohne Geld lassen sie einen da doch nicht herein. Und was soll er dort machen? Siedeln? Oliven pflücken? Weintrauben keltern? Er hat keine rechte Vorstellung, wie das vor sich geht. Man tritt mit den Füßen auf den Trauben herum, und dann gärt es. Eine angenehme Arbeit jedenfalls ist es nicht. Und mit zweitausendsechshundertvierundsiebzig Mark wird es

auch nicht lange gären. Bis man das hier aufgelöst hat und bis man fortkommt, Paßgeschichten, Reisegeld, dann sind es überhaupt noch höchstens zweitausend. Und nach Frankreich? Wenn er auch eine gute französische Aussprache hat, eine Menge hat er trotzdem vergessen, und wenn man sagen kann »Bonjour, Monsieur«, dann genügt es sicher noch lange nicht, daß sie einen in Paris Möbel verkaufen lassen.
Übrigens war es die Nacht darauf besser, und zwei weitere Nächte schlief er fest und gut. Aber dann fand er, Herr Hinkel schaue ihn so komisch von der Seite an, die Nacht darauf war die Angst wieder da, und wieder die Nacht darauf war es ganz schlimm.
In der dritten Nacht, Markus Wolfsohn und seine Frau hatten sich früh zu Bett gelegt und waren auch eingeschlafen, kamen sie wirklich. Markus stand schlotternd und dürr in seinem zerknitterten Pyjama. Marie ging besonnen herum, fragte die Leute, was Markus mitnehmen dürfe. Zwischendurch herrschte sie ihn unterdrückt und heftig an: »Ich habe es immer gesagt, wir hätten türmen müssen.« Er war vollkommen verwirrt. Sie veranlaßte ihn, seinen besseren Anzug anzuziehen, weil der wärmer war, packte ihm noch einige Kleinigkeiten ein. Die Kinder standen verstört herum. Die Polizisten sagten, man solle sie doch wieder ins Bett bringen und schlafen lassen. Sie waren höflich, geradezu freundlich, drängten auch nicht, es waren wirkliche Polizisten, keine Landsknechte. Als Frau Wolfsohn zum Schluß nun doch zu heulen begann, sagten sie: »Haben Sie keine Angst, meine Dame, Sie kriegen Ihren Mann schon bald zurück.«

2. *Rudolf Leonhard: Jüdisches Kind*

Mein Freund Gottfarstein hat mir eine Geschichte erzählt. Gottfarstein ist Jude, sogar Ostjude. Er ist ans Auswandern gewöhnt, er hat unruhige Nerven und das Herz eines Dichters, so sieht er die Geschichten, die um ihn herum passieren;

und er hat den Verstand, aus ihnen für sein Dichterherz die Folgerungen zu ziehn: er ist ein Kämpfer geworden. Sein Name bedeutet »Gottverstehn«; aber seit er viele dieser Geschichten erlebt oder miterlebt hat, versteht er Gott nicht mehr, seit er gesehn hat, wie die Welt wirklich ist.

Gottfarstein hat in Paris in vielen dieser kleinen Hotels gewohnt, in denen die Leute Unterkunft finden, die keine eigne Ecke für sich haben können. Je kleiner, je abgelegner die Hotels sind, desto größer und namenloser ist das Elend, das sich in ihnen zusammendrückt. Im Zimmer neben ihm wohnte eine jüdische Flüchtlingsfamilie. Die Leute waren nicht immer elend gewesen. Sie hatten in einer kleinen Stadt Deutschlands ein Geschäft gehabt, das war ganz gut gegangen, und sie hatten gelebt, wie so mittlere Geschäftsleute leben. Der Vater hatte im Laden geschafft, die Mutter hatte ihm geholfen und die anspruchslose, behagliche Wohnung in Ordnung gehalten; sie hatten neben der Arbeit Interesse eigentlich nur für ihre Familie; das war ein Unrecht gewesen, und ein Fehler: würden alle Leute dieses Schlages und überhaupt alle Leute sich mehr um die Angelegenheiten der Allgemeinheit kümmern, würde es in der Allgemeinheit auch ihnen gut gehn, und manches wäre nicht geschehn. Aber diese Leute lebten so, wie Leute ihres Schlages leben. Der älteste Junge, Jakob, ging zur Schule.

Als er etwa neun Jahre alt war, brach in Deutschland die Hitlerei aus. Und der kleine Jakob war der erste aus der Familie, der die Hitlerei zu schmecken bekam. Plötzlich waren alle seine Lehrer Nazis; Jakobs Lehrer war Sturmführer und war sich seiner Pflicht als Sturmführer bewußt, und auch seiner Macht als Sturmführer. Deshalb ließ er immer wieder die Kinder ein Lied singen, so oft wie nur möglich, in dem die Zeilen vorkamen: »Wenn das Judenblut vom Messer spritzt, dann geht's noch mal so gut«. Ganz besondern Wert legte der Herr Lehrer und Sturmführer – falls Jakobs Vater diese Geschichte liest, bitte ich ihn sehr, mir den Namen des Mannes zu schreiben – darauf, daß der kleine Jakob, der Judenknabe, das Lied und vor allem diese Zeilen fest mitsinge.

Auf den kleinen Jakob machte das einen starken, einen immer stärkeren, einen ganz entsetzlichen Eindruck. Er war doch selbst Jude, und seine Eltern, die gut zu ihm und zu allen waren, waren doch Juden, und nun sollte das Judenblut, sein Blut, ihr Blut, von den Messern spritzen? Warum denn? Warum denn das Judenblut? Und warum diese gräßlichen Messer?
Ganz verstört wurde der Kleine. Immerfort mußte er an Blut denken, und an von Judenblut triefende Messer. Immerfort mußte er davon sprechen, diese beiden Zeilen sagen und die Eltern fragen, warum denn das sein müsse, bis auch die, die nun schon viele Sorgen hatten, ganz verstört waren. Sie dachten verzweifelt nach, was sie für ihren Jungen tun könnten. Schließlich erreichten sie – unter großen Mühn, denn aus Angst vor den Nazis stellten sich viele in der Stadt feindlich gegen sie –, daß ein Arzt ihnen ein Attest gab, der kleine Jakob habe eine schwache Kehle und solle vom Singen befreit werden.
Hier mußte der Sturmführer-Lehrer nachgeben, Jakob brauchte nicht mehr mitzusingen, daß das Judenblut vom Messer spritzen solle. Aber – das konnten die Eltern nicht bedenken und nicht erwarten – nun wurde es noch schlimmer. Hatte bisher die Tätigkeit des Singens, das Muskelgefühl bei der Bildung der Melodie in der Kehle den Jakob immerhin noch ein ganz klein wenig über die Bedeutung der Worte hinweggetragen, ihn durch das Lied gleiten lassen, ohne daß mehr als die schreckliche Gesamtheit der Zeilen haften blieb, so konnten jetzt, da er fast täglich das Lied – denn der Lehrer zwang ihn, dem Gesange beizuwohnen – stumm anhören mußte, die greulichen Einzelheiten sich in ihm festhaken; wie Messerstiche, ja schon wie Messerstiche stachen sie in sein Ohr, in seinen Kopf, in sein Blut. Immer sah er nun das Glitzern der spitzen Messer vor sich und die Flecken bräunlichen Blutes, und Faden Bluts an der Schneide dieser Messer entlang spritzen, als ob sie zischten. Der kleine Jakob sprach von nichts anderm mehr, wenn er überhaupt sprach. Er aß

nicht mehr, er war weiß im Gesicht, er magerte ab, er wurde krank und kränker.
Schließlich entschlossen die Eltern sich, aus der Stadt und aus Deutschland wegzugehn. Das war nicht einfach: sie hatten das Haus und die Stadt und das Land geliebt, es waren Stadt und Land ihrer Eltern und Großeltern gewesen, sie hatten dort gegessen und geschlafen, hatten dort gearbeitet und waren dort spazierengegangen, früher hatten sie Freunde dort gehabt. Es war auch nicht leicht, sich materiell loszulösen; sie mußten alles verkaufen; da sie verkaufen mußten, verkauften sie schlecht. Kein Notar wollte ihnen die Verträge machen, aus Feindschaft oder aus Angst vor den grausamen Machthabern; sie wurden betrogen an allen Ecken, von allen Seiten, auch von solchen, die noch vor kurzem Freunde gewesen waren, und sie verloren fast alles. Aber sie konnten nicht mehr in ihrer Stadt leben, und sie wollten ihren kleinen neunjährigen Jakob vor dem gestrengen Herrn Lehrer, vor dem hochmächtigen Sturmführer retten.
In Paris schien es dem Kleinen zunächst besser zu gehn. Erst erschreckte ihn die fremde Sprache, denn das Deutsch, das man ihm mit jenen grauenvollen Versen noch nicht vergällt hatte, war seine einzige Sprache, war seine Sprache; aber als er sich daran gewöhnt hatte, daß außer den Seinen alle, denen er im Haus und auf der Straße begegnete, Kauderwelsch redeten, lebte er auf, er hörte ja auch nichts mehr von Messern und Judenblut, und fand das Fremde sogar lustig. Die Eltern waren glücklich darüber, obwohl sie immer schwerere Sorgen hatten, und sahn ihn freudig an und streichelten ihn. Sie glaubten, er habe den Schauer überstanden und vergessen.
Aber da geschah etwas – doch von hier an hat mein Freund Gottfarstein, dem man den bisherigen Verlauf der Sache dann erzählte, die Geschichte miterlebt. Eines Nachts hörte er im Nebenzimmer singen. Eine Kinderstimme sang, eine seltsam hohe, gläserne Kinderstimme. Sie sang nur zwei Verse, Verse in deutscher Sprache, immer wieder die zwei Verse; die lauteten: »Wenn das Judenblut vom Messer spritzt, dann geht's noch mal so gut.« Gottfarstein war vom Tisch, an dem er

arbeitete, aufgesprungen, und horchte, den Kopf vorgestreckt, die Fäuste auf seine Papiere gedrückt; dort nebenan wohnten doch, das wußte er, Emigranten, jüdische Flüchtlinge, und bei denen im Zimmer wurde das dümmste, das barbarischste, das rohste antisemitische Lied gesungen?
Es war so, das erfuhr er am nächsten Tag, und das hörte er nicht nur jede Nacht von nun an, das sah er oft mit an. Um zwei Uhr hatte sich der Knabe, der ruhig geschlummert hatte, plötzlich im Bette aufgesetzt, und mit kleiner, hoher, gläserner Kinderstimme die beiden Verse, die also nicht in ihm erloschen waren, zu singen begonnen, hintereinander nur die beiden Verse, immer die beiden Verse. Die aus dem Schlaf geschreckten, auf den Tod erschrockenen Eltern hatten ihm Wasser über die Stirn geschüttet, glaubend, das Kind sei mondsüchtig geworden, und ihm angst- und liebevoll zugeredet; es hatte nichts geholfen; die leere dicke Schlafluft stand wie ein Wall zwischen ihnen und ihrem Kinde, nur seine dünne Stimme kam spitz zu ihnen und ging spitz wie ein glitzerndes Messer durch die knisternden Wände hindurch, über sie weg. Ihr Kind hörte sie nicht. Nach etwa einer Stunde fiel der Junge um, steif wie eine morsche Latte, und schlief wie ein Stein.
Am nächsten Morgen, als die erschöpften Eltern ihn befragten, wußte der Junge nicht, was geschehen war; aber in der Nacht ging es wieder los, gegen zwei Uhr wieder, wieder bis gegen drei Uhr, er sang, unzugänglich allem, was man ihm sagte, bis er umfiel und schlief. Und so ging es nun jede Nacht.
Die Eltern brachten ihn zu einem Arzt. Der beklopfte ihm die Knie mit einem kleinen Hammer, hielt ihm ein Licht vor die Augen, drückte und prüfte, sagte lateinische Worte und zuckte dann nachdrücklich mit den Achseln. Da könne man nichts machen, sagte er. Es sei ein sehr seltner, ein überaus seltner Fall, sagte er, daß ein Kind geisteskrank würde ...
»Geisteskrank«, sagten die Eltern leise, und sagten es oft, immer sehr leise, und dachten, verrunzelt von ihren schweren Sorgen, den ganzen Tag dieses Wort, in der Angst vor der

Nacht. Denn jede Nacht richtete ihr kleiner Junge sich neben ihnen im Bett auf und sang mit kleiner, gläserner Stimme die beiden Verse des Hitlerlieds, des verruchten Liedes.
In einer Nacht fiel der Vater neben dem Bett in die Knie. Tränen liefen ihm über das Gesicht, er rang die Hände und schrie zu dem Knaben auf – es war, als wäre nun er verrückt –, schrie zu dem Kleinen auf: »Jaköble, soll ich mir denn das Leben nehmen?« Und er begann weinend dem mager sitzenden Kind alle Arten des Selbstmordes aufzuzählen: man kann sich erhängen, erschießen, ertränken, vergiften, man kann ... man kann ... Da sagte aus seiner Verrückung und Entrückung heraus, ohne sich zu bewegen, das Kind, das nun ganz alt aussah und als wäre es der Vater des zu seinen Füßen weinenden Mannes: »Mach das nicht, Vater, mach das doch nicht! Dann bin ich doch eine Waise! Und ich kann doch gar nichts dafür. Ich will ja gar nicht das singen. Ich kann doch nichts dafür. Ich singe gar nicht, das singt in mir!«
Hiermit war die Geschichte für Gottfarstein zu Ende. Nicht für den kranken Jakob und seine Eltern, aber die Familie zog aus dem Hotel aus, das Leben der Emigranten ist ja sehr schwer und wechselvoll, und es wechseln doch meistens nur die Arten des Elends; und man hat nicht erfahren, was aus den Eltern geworden ist und aus dem geisteskranken Kind.
Aber der Knabe hat recht gehabt: er kann nichts dafür – und deshalb darf die Geschichte nicht so zu Ende sein! Er hat recht gehabt, und ganz und gar: er sang nicht, es sang in ihm, die ganze Hitlerei sang in dem zerstörten Gehirn des neunjährigen Judenknaben; in ihn war der Hitlerteufel gefahren! Die Teufelei der Männer, die gesiegt haben über einen neunjährigen Judenknaben, die ein ganzes herrliches Land verwüsten und die Gehirne darin wie das Gehirn Jakobs.
Weil aber die Geschichte nicht so zu Ende sein darf für die teuflischen Lumpen, die ein Land und seine Gehirne verwüsten und einen neunjährigen Knaben geisteskrank gemacht haben – ein sehr seltner Fall, sagt der gelehrte Arzt, ein ganz außerordentlich seltner Fall –, weil sie nicht zu Ende sein darf für die, die den Lehrer zum Sturmführer, einen Sturmführer

zum Lehrer machten, daß er ein neunjähriges Kind geisteskrank machen konnte – weil diese Geschichte nicht so einfach zu Ende sein darf, soll man sie überall weitererzählen: damit alle, die bedroht sind, wissen, was der Nationalsozialismus in Deutschland und für Deutschland ist.
Es muß ein jeder die Geschichte glauben, denn sie ist wortwörtlich und buchstäblich wahr; und wer sie besser versteht als Jakobs armer weinender Vater sie verstehen konnte, zahlt in den Kampffonds.

3. Bertolt Brecht: Die jüdische Frau

Kaleidoskopartig beleuchtet Bertolt Brecht in seiner zwischen 1935 und 1938 entstandenen Szenenfolge »Furcht und Elend des Dritten Reiches«, der unser Ausschnitt entstammt, den Alltag im nationalsozialistischen Deutschland. Die ursprünglich 27 Szenen, von Brecht nach Augenzeugenberichten und Zeitungsnotizen im dänischen Exil verfaßt, sind jeweils in sich geschlossen und einzeln spielbar, bilden aber dennoch Teile einer Gesamtansicht des deutschen Faschismus, die der Autor durch eine soziale Repräsentativität anstrebende Auswahl des Personals sowie durch die unterschiedliche zeitliche und räumliche Situierung der Handlung herzustellen sucht. Das Spektrum der Figuren reicht vom Bauern und Arbeiter über Handwerker und Kleinbürger bis zu den typischen Vertretern der Intelligenz, deren lautlose Kapitulation vor dem NS-Terror Brecht besonders scharf geißelt. Als wichtigstes thematisches Band zwischen den Einzelszenen erweist sich das Leitmotiv der »Lüge«: »Jeder dieser kurzen Akte weist eines auf: wie unabwendbar die Schreckensherrschaft, die sich als Drittes Reich vor den Völkern brüstet, alle Verhältnisse zwischen Menschen unter die Botmäßigkeit der Lüge zwingt« (W. Benjamin).

Und dort sehn wir jene kommen
Denen er ihre Weiber genommen
Jetzt werden sie arisch gepaart.
Da hilft kein Fluchen und Klagen
Sie sind aus der Art geschlagen
Er schlägt sie zurück in die Art.

Frankfurt, 1935. Es ist Abend. Eine Frau packt Koffer. Sie wählt aus, was sie mitnehmen will. Mitunter nimmt sie wieder etwas aus dem Koffer und gibt es an seinen Platz im Zimmer zurück, um etwas anderes einpacken zu können. Lange schwankt sie, ob sie eine große Photographie ihres Mannes, die auf der Kommode steht, mitnehmen soll. Dann läßt sie das Bild stehen. Sie wird müde vom Packen und sitzt eine Weile auf einem Koffer, den Kopf in die Hand gestützt. Dann steht sie auf und telefoniert.

Die Frau. Hier Judith Keith. Doktor, sind Sie es? – Guten Abend. Ich wollte nur eben mal anrufen und sagen, daß ihr euch jetzt doch nach einem neuen Bridgepartner umsehen müßt, ich verreise nämlich. – Nein, nicht für so sehr lange, aber ein paar Wochen werden es schon werden. – Ich will nach Amsterdam. – Ja, das Frühjahr soll dort ganz schön sein. – Ich habe Freunde dort. – Nein, im Plural, wenn Sie es auch nicht glauben. – Wie ihr da Bridge spielen sollt? – Aber wir spielen doch schon seit zwei Wochen nicht. – Natürlich, Fritz war auch erkältet. Wenn es so kalt ist, kann man eben nicht mehr Bridge spielen, das sagte ich auch! – Aber nein, Doktor, wie sollte ich? – Thekla hatte doch auch ihre Mutter zu Besuch. – Ich weiß. – Warum sollte ich so was denken? – Nein, so plötzlich kam es gar nicht, ich habe nur immer verschoben, aber jetzt muß ich ... Ja, aus unserm Kinobesuch wird jetzt auch nichts mehr, grüßen Sie Thekla. – Vielleicht rufen Sie ihn sonntags mal an? – Also, auf Wiedersehen! – Ja, sicher, gern! – Adieu!
(Sie hängt ein und ruft eine andere Nummer an.)
Hier Judith Keith. Ich möchte Frau Schöck sprechen. – Lotte? – Ich wollte rasch Adieu sagen, ich verreise auf

einige Zeit. – Nein, mir fehlt nichts, nur um mal ein paar neue Gesichter zu sehen. – Ja, was ich sagen wollte, Fritz hat nächsten Dienstag den Professor hier zu Abend, da könntet ihr vielleicht auch kommen, ich fahre, wie gesagt, heute nacht. – Ja, Dienstag. – Nein, ich wollte nur sagen, ich fahre heute nacht, es hat gar nichts zu tun damit, ich dachte, ihr könntet dann auch kommen. – Nun, sagen wir also: obwohl ich nicht da bin, nicht? – Das weiß ich doch, daß ihr nicht so seid, und wenn, das sind doch unruhige Zeiten, und alle Leute passen so auf, ihr kommt also? – Wenn Max kann? Er wird schon können, der Professor ist auch da, sag's ihm. – Ich muß jetzt abhängen. Also, Adieu!

(Sie hängt ein und ruft eine andere Nummer an.)

Bist du es, Gertrud? Hier Judith. Entschuldige, daß ich dich störe. – Danke. Ich wollte dich fragen, ob du nach Fritz sehen kannst, ich verreise für ein paar Monate. – Ich denke, du, als seine Schwester ... Warum möchtest du nicht? – So wird es aber doch nicht aussehen, bestimmt nicht für Fritz. – Natürlich weiß er, daß wir nicht so – gut standen, aber ... Dann wird er eben dich anrufen, wenn du willst. – Ja, das will ich ihm sagen. – Es ist alles ziemlich in Ordnung, die Wohnung ist ja ein bißchen zu groß. – Was in seinem Arbeitszimmer gemacht werden soll, weiß Ida, laß sie da nur machen. – Ich finde sie ganz intelligent, und er ist gewöhnt an sie. – Und noch was, ich bitte dich, das nicht falsch aufzunehmen, aber er spricht nicht gern vor dem Essen, könntest du daran denken? Ich hielt mich da immer zurück. – Ich möchte nicht gern darüber diskutieren jetzt, mein Zug geht bald, ich habe noch nicht fertig gepackt, weißt du. – Sieh auf seine Anzüge und erinnere ihn, daß er zum Schneider gehen muß, er hat einen Mantel bestellt, und sorg, daß in seinem Schlafzimmer noch geheizt wird, er schläft immer bei offenem Fenster, und das ist zu kalt. – Nein, ich glaube nicht, daß er sich abhärten soll, aber jetzt muß ich Schluß

machen. – Ich danke dir sehr, Gertrud, und wir schreiben uns ja immer mal wieder. – Adieu.
(Sie hängt ein und ruft eine andere Nummer an.)
Anna? Hier ist Judith, du, ich fahre jetzt. – Nein, es muß schon sein, es wird zu schwierig. – Zu schwierig! – Ja, nein, Fritz will es nicht, er weiß noch gar nichts, ich habe einfach gepackt. – Ich glaube nicht. – Ich glaube nicht, daß er viel sagen wird. Es ist einfach zu schwierig für ihn, rein äußerlich. – Darüber haben wir nichts verabredet. – Wir sprachen doch überhaupt nie darüber, nie! – Nein, er war nicht anders, im Gegenteil. – Ich wollte, daß ihr euch seiner ein wenig annehmt, die erste Zeit. – Ja, sonntags besonders, und redet ihm zu, daß er umzieht. – Die Wohnung ist zu groß für ihn. – Ich hätte dir gern noch Adieu gesagt, aber du weißt ja, der Portier! – Also, Adieu, nein, komm nicht auf die Bahn, auf keinen Fall! – Adieu, ich schreib mal. – Sicher.
(Sie hängt ein und ruft keine andere Nummer mehr an. Sie hat geraucht. Jetzt zündet sie das Büchlein an, in dem sie die Telefonnummern nachgeschlagen hat. Ein paarmal geht sie auf und ab. Dann beginnt sie zu sprechen. Sie probt die kleine Rede ein, die sie ihrem Mann halten will. Man sieht, er sitzt in einem bestimmten Stuhl.)
Ja, ich fahre jetzt also, Fritz. Ich bin vielleicht schon zu lange geblieben, das mußt du entschuldigen, aber ...
(Sie bleibt stehen und besinnt sich, fängt anders an.)
Fritz, du solltest mich nicht mehr halten, du kannst es nicht ... Es ist klar, daß ich dich zugrunde richten werde, ich weiß, du bist nicht feig, die Polizei fürchtest du nicht, aber es gibt Schlimmeres. Sie werden dich nicht ins Lager bringen, aber sie werden dich nicht mehr in die Klinik lassen, morgen oder übermorgen, du wirst nichts sagen dann, aber du wirst krank werden. Ich will dich nicht hier herumsitzen sehen, Zeitschriften blätternd, es ist reiner Egoismus von mir, wenn ich gehe, sonst nichts. Sage nichts ...
(Sie hält wieder inne. Sie beginnt wieder von vorn.)
Sage nicht, du bist unverändert, du bist es nicht! Vorige

Woche hast du ganz objektiv gefunden, der Prozentsatz der jüdischen Wissenschaftler sei gar nicht so groß. Mit der Objektivität fängt es immer an, und warum sagst du mir jetzt fortwährend, ich sei nie so nationalistisch jüdisch gewesen wie jetzt. Natürlich bin ich das. Das steckt ja so an. Oh, Fritz, was ist mit uns geschehen!
(Sie hält wieder inne. Sie beginnt wieder von vorn.)
Ich habe es dir nicht gesagt, daß ich fort will, seit langem fort will, weil ich nicht reden kann, wenn ich dich ansehe, Fritz. Es kommt mir dann so nutzlos vor, zu reden. Es ist doch alles schon bestimmt. Was ist eigentlich in sie gefahren? Was wollen sie in Wirklichkeit? Was tue ich ihnen? Ich habe mich doch nie in die Politik gemischt. War ich für Thälmann[2]? Ich bin doch eines von diesen Bourgeoisweibern, die Dienstboten halten usw., und plötzlich sollen nur noch die Blonden das sein dürfen? In der letzten Zeit habe ich oft daran gedacht, wie du mir vor Jahren sagtest, es gäbe wertvolle Menschen und weniger wertvolle, und die einen bekämen Insulin, wenn sie Zucker haben und die andern bekämen keins. Und das habe ich eingesehen, ich Dummkopf! Jetzt haben sie eine neue Einteilung dieser Art gemacht, und jetzt gehöre ich zu den Wertloseren. Das geschieht mir recht.
(Sie hält wieder inne. Sie beginnt wieder von vorn.)
Ja, ich packe. Du mußt nicht tun, als ob du das nicht gemerkt hättest die letzten Tage. Fritz, alles geht, nur eines nicht: daß wir in der letzten Stunde, die uns bleibt, einander nicht in die Augen sehen. Das dürfen sie nicht erreichen, die Lügner, die alle zum Lügen zwingen. Vor zehn Jahren, als jemand meinte, das sieht man nicht, daß ich eine Jüdin bin, sagtest du schnell: doch, das sieht man. Und das freut einen. Das war Klarheit. Warum jetzt um das Ding herumgehen? Ich packe, weil sie dir sonst die Oberarztstelle wegnehmen. Und weil sie dich schon nicht mehr grüßen

2. Ernst Thälmann (1886–1944); Vorsitzender der KPD seit 1925; nach dem Reichstagsbrand am 3. März 1933 verhaftet, wurde er nach elfjähriger Haft im August 1944 von den Nationalsozialisten im KZ Buchenwald ermordet.

in deiner Klinik und weil du nachts schon nicht mehr schlafen kannst. Ich will nicht, daß du mir sagst, ich soll nicht gehen. Ich beeile mich, weil ich dich nicht noch sagen hören will, ich soll gehen. Das ist eine Frage der Zeit. Charakter, das ist eine Zeitfrage. Er hält soundso lange, genau wie ein Handschuh. Es gibt gute, die halten lange. Aber sie halten nicht ewig. Ich bin übrigens nicht böse. Doch, ich bin's. Warum soll ich alles einsehen? Was ist schlecht an der Form meiner Nase und der Farbe meines Haares? Ich soll weg von der Stadt, wo ich geboren bin, damit sie keine Butter zu geben brauchen. Was seid ihr für Menschen, ja, auch du! Ihr erfindet die Quantentheorie und den Trendelenburg[3] und laßt euch von Halbwilden kommandieren, daß ihr die Welt erobern sollt, aber nicht die Frau haben dürft, die ihr haben wollt. Künstliche Atmung und jeder Schuß ein Ruß! Ihr seid Ungeheuer oder Speichellecker von Ungeheuern! Ja, das ist unvernünftig von mir, aber was hilft in einer solchen Welt die Vernunft? Du sitzt da und siehst deine Frau packen und sagst nichts. Die Wände haben Ohren, wie? Aber ihr sagt ja nichts! Die einen horchen, und die andern schweigen. Pfui Teufel. Ich sollte auch schweigen. Wenn ich dich liebte, schwiege ich. Ich liebe dich wirklich. Gib mir die Wäsche dort. Das ist Reizwäsche. Ich werde sie brauchen. Ich bin sechsunddreißig, das ist nicht zu alt, aber viel experimentieren kann ich nicht mehr. Mit dem nächsten Land, in das ich komme, darf es nicht mehr so gehen. Der nächste Mann, den ich kriege, muß mich behalten dürfen. Und sage nicht, du wirst Geld schicken, du weißt, das kannst du nicht. Und du sollst auch nicht tun, als wäre es nur für vier Wochen. Das hier dauert nicht nur vier Wochen. Du weißt es, und ich weiß es auch. Sage also nicht: es sind schließlich nur ein paar Wochen, während du mir den Pelzmantel gibst, den ich doch erst im

3. nach dem deutschen Chirurgen Friedrich Trendelenburg (1844–1924) benanntes spezielles Operationsverfahren bei Lungenembolie. Trendelenburg führte auch die Beckenhochlagerung (Trendelenburg-Lagerung) für Operationen im Bereich des Beckens ein.

Winter brauchen werde. Und reden wir nicht von Unglück. Reden wir von Schande. O Fritz!
(Sie hält inne. Eine Tür geht. Sie macht sich hastig zurecht. Ihr Mann tritt ein.)

Der Mann. Was machst du denn? Räumst du?

Die Frau. Nein.

Der Mann. Warum packen?

Die Frau. Ich möchte weg.

Der Mann. Was heißt das?

Die Frau. Wir haben doch gesprochen, gelegentlich, daß ich für einige Zeit weggehe. Es ist doch nicht mehr sehr schön hier.

Der Mann. Das ist doch Unsinn.

Die Frau. Soll ich denn bleiben?

Der Mann. Wohin willst du denn?

Die Frau. Nach Amsterdam. Eben weg.

Der Mann. Aber dort hast du doch niemanden.

Die Frau. Nein.

Der Mann. Warum willst du denn nicht hierbleiben? Meinetwegen mußt du bestimmt nicht gehen.

Die Frau. Nein.

Der Mann. Du weißt, daß ich unverändert bin, weißt du das, Judith?

Die Frau. Ja.
(Er umarmt sie. Sie stehen stumm zwischen den Koffern.)

Der Mann. Und es ist nichts sonst, was dich weggehen macht?

Die Frau. Das weißt du.

Der Mann. Vielleicht ist es nicht so dumm. Du brauchst ein Aufschnaufen. Hier erstickt man. Ich hole dich. Wenn ich nur zwei Tage jenseits der Grenze bin, wird mir schon besser sein.

Die Frau. Ja, das solltest du.

Der Mann. Allzulang geht das hier überhaupt nicht mehr. Von irgendwoher kommt der Umschwung. Das klingt alles wieder ab wie eine Entzündung. – Es ist wirklich ein Unglück.

Die Frau. Sicher. Hast du Schöck getroffen?

Der Mann. Ja, das heißt, nur auf der Treppe. Ich glaube, er bedauert schon wieder, daß sie uns geschnitten haben. Er war direkt verlegen. Auf die Dauer können sie uns Intellektbestien doch nicht so ganz niederhalten. Mit völlig rückgratlosen Wracks können sie auch nicht Krieg führen. Die Leute sind nicht mal so ablehnend, wenn man ihnen fest gegenübertritt. Wann willst du denn fahren?

Die Frau. Neun Uhr fünfzehn.

Der Mann. Und wohin soll ich das Geld schicken?

Die Frau. Vielleicht hauptpostlagernd Amsterdam.

Der Mann. Ich werde mir eine Sondererlaubnis geben lassen. Zum Teufel, ich kann doch nicht meine Frau mit zehn Mark im Monat wegschicken! Schweinerei, das Ganze. Mir ist scheußlich zumute.

Die Frau. Wenn du mich abholen kommst, das wird dir guttun.

Der Mann. Einmal eine Zeitung lesen, wo was drin steht.

Die Frau. Gertrud habe ich angerufen. Sie wird nach dir sehen.

Der Mann. Höchst überflüssig, Wegen der paar Wochen.

Die Frau *(die wieder zu packen begonnen hat)*. Jetzt gib mir den Pelzmantel herüber, willst du?

Der Mann *(gibt ihn ihr)*. Schließlich sind es nur ein paar Wochen.

4. Elisabeth Langgässer: Untergetaucht

»Ich war ja schließlich auch nur ein Mensch«, wiederholte die stattliche Frau immer wieder, die in der Bierschwemme an dem Bahnhof der kleinen Vorortsiedlung mit ihrer Freundin saß, und schob ihr das Möhrenkraut über die Pflaumen, damit nicht jeder gleich merken sollte: die hatte sich was gegen Gummiband oder Strickwolle aus ihrem Garten geholt, und dem Mann ging das nachher ab. Ich spitzte natürlich sofort die Ohren, denn obwohl ich eigentlich nur da hockte, um den »Kartoffelexpreß«, wie die Leute den großen Hamsterzug nennen, der um diese Zeit hier durch die Station fährt, vorüberklackern zu lassen – er ist nämlich so zum Brechen voll, daß ein Mann, der müd von der Arbeit kommt, sich nicht mehr hineinboxen kann –, also, obwohl ich im Grunde nur hier saß, um vor mich hinzudösen, fühlte ich doch: da bahnte sich eine Geschichte an, die ich unbedingt hören mußte; und Geschichten wie die: nichts Besonderes und je dämlicher, um so schöner, habe ich für mein Leben gern – man fühlt sich dann nicht so allein.

»Am schlimmsten war aber der Papagei«, sagte die stattliche Frau. »Nicht die grüne Lora, die wir jetzt haben, sondern der lausige Jacob, der sofort alles nachplappern konnte. ›Entweder dreh ich dem Vieh den Hals um, oder ich schmeiße die Elsie hinaus‹, sagte mein Mann, und er hatte ja recht – es blieb keine andere Wahl.«

»Wie lange«, fragte die Freundin (die mit dem Netz voll Karotten), »war sie eigentlich bei euch untergetaucht? Ich dachte damals, ihr wechselt euch ab – mal diese Bekannte, mal jene; aber im Grund keine länger als höchstens für eine Nacht.«

»Na ja. Aber wie das immer so geht, wenn man mit mehreren Leuten zugleich etwas verabredet hat: hernach ist der erste ja doch der Dumme, an dem es hängen bleibt, und die anderen springen aus, wenn sie merken, daß das Ding nicht so einfach ist.«

»Der Dumme?« fragte die Freundin zweifelnd und stützte den Ellbogen auf. »Das kannst du doch jetzt nicht mehr sagen, Frieda, wo du damals durch diese Elsie fast ins Kittchen gekommen bist. Schließlich muß man ja heute bedenken, daß dein Mann gerade war in die Partei frisch aufgenommen worden und Oberpostsekretär. Was glaubst du, wie wir dich alle im stillen bewundert haben, daß du die Elsie versteckt hast, zu so was gehört doch Mut!«

»Mut? Na, ich weiß nicht. Was sollte ich machen, als sie plötzlich vor meiner Tür stand, die Handtasche über dem Stern? Es schneite und regnete durcheinander, sie war ganz

naß und dazu ohne Hut; sie mußte, wie sie so ging und stand, davongelaufen sein. ›Frieda‹, sagte sie, ›laß mich herein – nur für eine einzige Nacht. Am nächsten Morgen, ich schwöre es dir, gehe ich ganz bestimmt fort.‹ Sie war so aufgeregt, lieber Himmel, und von weitem hörte ich schon meinen Mann mit dem Holzbein die Straße herunterklappern – ›aber nur für eine einzige Nacht‹, sage ich ganz mechanisch, ›und weil wir schon in der Schule zusammen gewesen sind.‹ Natürlich wußte ich ganz genau, daß sie nicht gehen würde; mein Karl, dieser seelensgute Mensch, sagte es schon am gleichen Abend, als er mir das Korsett aufhakte und dabei die letzte Fischbeinstange vor Aufregung zerbrach; es machte knack, und er sagte: ›Die geht nicht wieder fort.‹«
Beide Frauen, wie auf Verabredung, setzten ihr Bierglas an, bliesen den Schaum ab und tranken einen Schluck; hierauf, in einem einzigen Zug, das halbe Bierglas herunter, ich muß sagen, sie tranken nicht schlecht.
»Es war aber doch wohl recht gefährlich in eurer kleinen verklatschten Siedlung, wo jeder den anderen kennt«, meinte die Freundin mit den Karotten. »Und dazu noch der Papagei.«
»Aber nein. An sich war das gar nicht gefährlich. Wenn einer erst in der Laube drin war, kam keiner auf den Gedanken, daß sich da jemand versteckt hielt, der nicht dazugehörte. Wer uns besuchte, kam bloß bis zur Küche und höchstens noch in die Kammer dahinter; alles übrige war erst angebaut worden – die Veranda, das Waschhaus, der erste Stock mit den zwei schrägen Kammern, das ganze Gewinkel schön schummrig und eng, überall stieß man an irgendwas an: an die Schnüre mit den Zwiebeln zum Beispiel, die zum Trocknen aufgehängt waren, und an die Wäscheleine. Auch mit der Verpflegung war es nicht schlimm, ich hatte Eingemachtes genug, der Garten gab soviel her. Nur der Papagei: ›Elsie‹ und wieder ›Elsie‹ – das ging so den ganzen Tag. Wenn es schellte, warf ich ein Tischtuch über den albernen Vogel, dann war er augenblicks still. Mein Mann, das brauche ich nicht zu sagen, ist wirklich seelensgut. Aber schließlich wurde er doch ganz

verrückt, wenn der Papagei immerfort ›Elsie‹ sagte; er lernte eben im Handumdrehen, was er irgendwo aufgeschnappt hatte. Die Elsie, alles was recht ist, gab sich wirklich die größte Mühe, uns beiden gefällig zu sein – sie schälte Kartoffeln, machte den Abwasch und ging nicht an die Tür. Aber einmal, ich hatte das Licht in Gedanken schon angeknipst, ehe der Laden vorgelegt worden war, muß die Frau des Blockwalters, diese Bestie, sie von draußen gesehen haben. ›Ach‹, sagte ich ganz verdattert vor Schrecken, als sie mich fragte, ob ich Besuch in meiner Wohnküche hätte, ›das wird wohl meine Cousine aus Potsdam gewesen sein.‹ ›So? Aber dann hat sie sich sehr verändert‹, sagt sie und sieht mich durchdringend an. ›Ja, es verändern sich viele jetzt in dieser schweren Zeit, Frau Geheinke‹, sage ich wieder. ›Und abends sind alle Katzen grau.‹
Von da ab war meine Ruhe fort; ganz fort wie weggeblasen. Immer sah ich die Elsie an, und je mehr ich die Elsie betrachtete, desto jüdischer kam sie mir vor. Eigentlich war das natürlich ein Unsinn, denn die Elsie war schlank und zierlich gewachsen, braunblonde Haare, die Nase gerade, wie mit dem Lineal gezogen, nur vorne etwas dick. Trotzdem, ich kann mir nicht helfen – es war wirklich ganz wie verhext. Sie merkte das auch. Sie merkte alles und fragte mich: ›Sehe ich eigentlich *so* aus?‹ ›Wie: so?‹ entgegnete ich wie ein Kind, das beim Lügen ertappt worden ist. ›Du weißt doch – meine Nase zum Beispiel?‹ ›Nö. Deine Nase nicht.‹ ›Und die Haare?‹ ›Die auch nicht. So glatt wie sie sind.‹ ›Ja, aber das Löckchen hinter dem Ohr‹, sagt die Elsie und sieht mich verzweifelt an, verzweifelt und böse und irr zugleich – ich glaube, hätte sie damals ein Messer zur Hand gehabt, sie hätte sich und mich niedergestochen, so schrecklich rabiat war sie. Schließlich, ich fühlte es immer mehr, hatte ich nicht nur ein Unterseeboot, sondern auch eine Irre im Haus, die sich ständig betrachtete. Als ich ihr endlich den Spiegel fortnahm, veränderte sich ihre Art zu gehen und nachher ihre Sprache – sie stieß mit der Zunge an, lispelte und wurde so ungeschickt, wie ich noch nie einen Menschen gesehen habe: kein Glas war

sicher in ihren Händen, jede Tasse schwappte beim Eingießen über, das Tischtuch war an dem Platz, wo sie saß, von Flekken übersät. Ich wäre sie gerne losgewesen, aber so wie ihre Verfassung war, hätt' ich sie niemand mehr anbieten können – der Hilde nicht und der Trude nicht und erst recht nicht der Erika, welche sagte, sie könne auch ohne Stern und Sara jeden Menschen auf seine Urgroßmutter im Dunkeln abtaxieren. ›Ja?‹ fragte die Elsie. ›Ganz ohne Stern? Jede Wette gehe ich mit dir ein, daß man dich auch für so eine hält, wenn du mit Stern auf die Straße marschierst – so dick und schwarz, wie du bist.‹ Von diesem Tag an haßten wir uns. Wir haßten uns, wenn wir am Kochherd ohne Absicht zusammenstießen, und haßten uns, wenn wir zu gleicher Zeit nach dem Löffel im Suppentopf griffen. Selbst der Papagei merkte, wie wir uns haßten, und machte sich ein Vergnügen daraus, die Elsie in den Finger zu knappern, wenn sie ihn fütterte. Endlich wurde es selbst meinem Mann, diesem seelensguten Menschen, zu viel, und er sagte, sie müsse jetzt aus dem Haus – das war an dem selben Tag, als die Stapo etwas gemerkt haben mußte. Es schellte, ein Beamter stand draußen und fragte, ob sich hier eine Jüdin namens Goldmann verborgen hätte. In diesem Augenblick trat sie vor und sagte mit vollkommen kalter Stimme: Jawohl, sie habe sich durch den Garten und die Hintertür in das Haus geschlichen, weil sie glaubte, das Haus stünde leer. Man nahm sie dann natürlich gleich mit, und auch ich wurde noch ein paarmal vernommen, ohne daß etwas dabei herauskam, denn die Elsie hielt vollkommen dicht. Aber das Tollste war doch die Geschichte mit dem Papagei, sage ich dir.«

»Wieso mit dem Papagei?« fragte die Freundin, ohne begriffen zu haben.

»Na, mit dem Papagei, sage ich dir. Die Elsie nämlich, bevor sie sich stellte, hatte rasch noch das Tischtuch auf ihn geworfen, damit er nicht sprechen konnte. Denn hätte er ›Elsie‹ gerufen: na, weißt du – dann wären wir alle verratzt.«

»Hättest du selber daran gedacht?« fragte die Freundin gespannt.

»Ich? Ich bin schließlich auch nur ein Mensch und hätte nichts andres im Sinn gehabt, als meinen Kopf zu retten. Aber Elsie – das war nicht die Elsie mehr, die ich versteckt hatte und gehaßt und am liebsten fortgejagt hätte. Das war ein Erzengel aus der Bibel, und wenn sie gesagt hätte: ›Die da ist es, diese Dicke, Schwarze da!‹ – Gott im Himmel, ich wäre mitgegangen!«

Na, solch 'ne Behauptung, sagen Sie mal, kann selbst einem harmlosen Zuhörer schließlich über die Hutschnur gehen. »Und der Jacob?« frage ich, trinke mein Bier aus und setze den Rucksack auf. »Lebt er noch, dieses verfluchte Vieh?«

»Nein«, sagte die dicke Frau ganz verblüfft und faßt von neuem nach den Karotten, um die Pflaumen mit dem Karottenkraut ringsherum abzudecken. »Dem hat ein Russe wie einem Huhn die Kehle durchgeschnitten, als er ihn füttern wollte und der Jacob nach seiner lausigen Art ihm in den Finger knappte.«

»Böse Sache«, sagte ich, »liebe Frau. Wo ist jetzt noch jemand, der Ihren Mann vor der Spruchkammer ... (eigentlich wollte ich sagen: ›entlastet‹, doch hol es der Teufel, ich sagte, wie immer:) entlaust?«

5. Peter Weiss: Gesang von der Rampe II

Mit seinem 1965 uraufgeführten Dokumentarstück »Die Ermittlung« wollte Peter Weiss nach eigener Aussage weder Auschwitz auf der Bühne vergegenwärtigen noch eine szenische Rekonstruktion des Strafprozesses liefern, der von 1963 bis 1965 in Frankfurt stattfand. »Von all dem«, so heißt es in einer Anmerkung zum Text, »kann auf der Bühne nur ein Konzentrat [...] übrigbleiben.« In der Tat macht sich der Gestaltungswille des Autors in mehrfacher Hinsicht geltend: in der Reduzierung der über 300 Zeugen auf neun anonyme Sprecher, in der Auswahl und Anordnung des dokumentari-

schen Materials, in der Verdichtung und Stilisierung der Sprache. Äußerlich an die Formidee von Dantes »Göttlicher Komödie« angelehnt, zeichnet Weiss in 11 »Gesängen«, die ihrerseits dreifach gegliedert sind, den Leidensweg der Opfer von der Ankunft auf der berüchtigten Rampe bis hin zur Vergasung und Verbrennung in den Feueröfen von Birkenau nach. Zu Kontroversen hat die politische Tendenz des Stückes geführt: Bei Weiss erscheint Auschwitz als logische Konsequenz des kapitalistischen Systems, dessen Vertreter »durch unbegrenzten Menschenverschleiß Jahresumsätze von mehreren Milliarden« erzielten.

Zeuge 3 Wir fuhren 5 Tage lang
Am zweiten Tag
war unsere Wegzehrung verbraucht
Wir waren 89 Menschen im Waggon
Dazu unsere Koffer und Bündel
Unsere Notdurft verrichteten wir
in das Stroh
Wir hatten viele Kranke
und 8 Tote
Auf den Bahnhöfen konnten wir
durch die Luftlöcher sehn
wie die Bewachungsmannschaften
von weiblichem Personal
Essen und Kaffee erhielten
Unsere Kinder hatten zu jammern aufgehört
als wir in der letzten Nacht vom Bahndamm
auf ein Nebengleis abbogen
Wir fuhren durch eine flache Gegend
die von Scheinwerfern beleuchtet wurde
Dann näherten wir uns einem langgestreckten
scheunenähnlichen Gebäude
Da war ein Turm
und darunter ein gewölbtes Tor
Ehe wir durch das Tor einfuhren
pfiff die Lokomotive

Der Zug hielt
Die Waggontüren wurden aufgerissen
Häftlinge in gestreiften Anzügen erschienen
und schrien zu uns herein
Los raus schnell schnell
Es waren anderthalb Meter herab zum Boden
Da lag Schotter
Die Alten und Kranken fielen
in die scharfen Steine
Die Toten und das Gepäck wurden
herausgeworfen
Dann hieß es
Alles liegen lassen
Frauen und Kinder rüber
Männer auf die andere Seite
Ich verlor meine Familie aus den Augen
Überall schrien die Menschen
nach ihren Angehörigen
Mit Stöcken wurde auf sie eingeschlagen
Hunde bellten
Von den Wachtürmen waren Scheinwerfer
und Maschinengewehre
auf uns gerichtet
Am Ende der Rampe war der Himmel
rot gefärbt
Die Luft war voll von Rauch
Der Rauch roch süßlich und versengt
Dies war der Rauch
der fortan blieb

Zeugin 4 Ich hörte meinen Mann noch
nach mir rufen
Wir wurden aufgestellt
und durften den Platz nicht mehr wechseln
Wir waren eine Gruppe
von 100 Frauen und Kindern
Wir standen zu fünft in einer Reihe
Dann mußten wir an ein paar Offizieren
vorbeigehn

Einer von ihnen hielt die Hand in Brusthöhe
und winkte mit dem Finger
nach links und nach rechts
Die Kinder und die alten Frauen
kamen nach links
ich kam nach rechts
Die linke Gruppe mußte über die Schienen
zu einem Weg gehen
Einen Augenblick lang sah ich meine Mutter
bei den Kindern
da war ich beruhigt und dachte
wir werden uns schon wiederfinden
Eine Frau neben mir sagte
Die kommen in ein Schonungslager
Sie zeigte auf die Lastwagen
die auf dem Weg standen
und auf ein Auto vom Roten Kreuz
Wir sahen
wie sie auf die Wagen geladen wurden
und wir waren froh daß sie fahren durften
Wir andern mußten zu Fuß weiter
auf den aufgeweichten Wegen

Zeugin 5 Ich hielt das Kind meiner Schwägerin an der Hand
Sie selbst trug ihr kleinstes Kind auf dem Arm
Da kam einer von den Häftlingen auf mich zu
und fragte ob das Kind mir gehöre
Als ich es verneinte sagte er
ich solle es der Mutter geben
Ich tat es und dachte
die Mutter hat vielleicht Vorteile
Sie gingen alle nach links
ich ging nach rechts
Der Offizier der uns einteilte
war sehr freundlich
Ich fragte ihn
wohin denn die andern gingen
und er antwortete

	Die gehen jetzt nur baden in einer Stunde werdet ihr euch wiedersehen
Richter	Frau Zeugin wissen Sie wer dieser Offizier war
Zeugin 5	Ich erfuhr später daß er Dr. Capesius[4] hieß
Richter	Frau Zeugin können Sie uns den Angeklagten Dr. Capesius zeigen
Zeugin 5	Wenn ich mir die Gesichter ansehe fällt es mir schwer zu sagen ob ich sie wiedererkenne Doch dieser Herr da kommt mir bekannt vor
Richter	Wie heißt er
Zeugin 5	Dr. Capesius
Angeklagter 3	Die Zeugin muß mich mit einem anderen verwechseln Ich habe nie auf der Rampe ausgesondert
Zeuge 6	Ich kannte Dr. Capesius von meinem Heimatort her Ich war dort Arzt und er hatte mich vor dem Krieg mehrmals als Vertreter des Bayer-Konzerns besucht Ich begrüßte ihn und fragte was mit uns geschehen sollte Er sagte Hier wird alles gut werden Ich sagte ihm daß meine Frau nicht gesund sei Dann soll sie hier stehn sagte er Hier bekommt sie Pflege

4. Dr. phil. Victor Capesius (geb. 1907); kam 1943/44 nach Auschwitz, wo er die SS-Apotheke leitete; führte Selektionen auf der Rampe von Birkenau durch; in Frankfurt zu neun Jahren Zuchthaus verurteilt.

Er zeigte auf die Gruppe
von alten Leuten und Kranken
Ich sagte zu meiner Frau
Du mußt dorthin gehn und dich hinstellen
Sie ging zusammen mit ihrer Nichte
und ein paar anderen Verwandten
zur Gruppe der Kranken
Sie fuhren alle auf Lastwagen ab

Richter Besteht für Sie kein Zweifel
daß dies Dr. Capesius war

Zeuge 6 Nein
Ich habe ja mit ihm gesprochen
Es war damals eine große Freude für mich
ihn wiederzusehn

Richter Angeklagter Capesius
Kennen Sie diesen Zeugen

Angeklagter 3 Nein

Richter Waren Sie bei ankommenden Transporten
auf der Rampe

Angeklagter 3 Ich war nur dort
um Medikamente aus dem Gepäck der
Häftlinge
entgegenzunehmen
Diese hatte ich in der Apotheke zu verwahren

Richter Herr Zeuge
Wen von den Angeklagten
sahen Sie noch auf der Rampe

Zeuge 6 Diesen Angeklagten
Ich kann auch seinen Namen nennen
Er heißt Hofmann[5]

Richter Angeklagter Hofmann
Was hatten Sie auf der Rampe zu tun

Angeklagter 8 Ich hatte für Ruhe und Ordnung zu sorgen

5. Franz Johann Hofmann (geb. 1906); zunächst in der Wachtruppe des KZ Dachau, ab 1942 in Auschwitz. 1943/44 1. Schutzhaftlagerführer im Stammlager; wegen in Dachau begangener Verbrechen zu lebenslangem Zuchthaus verurteilt.

Richter Wie ging das vor sich
Angeklagter 8 Die Leute wurden aufgestellt
Dann bestimmten die Ärzte
wer arbeitsfähig war
und wer zur Arbeit nicht infrage kam
Mal waren mehr
mal weniger Arbeitsfähige
rauszuholen
Der Prozentsatz war bestimmt
Er richtete sich nach dem Bedarf
an Arbeitskräften
Richter Was geschah mit denen
die nicht zur Arbeit gebraucht wurden
Angeklagter 8 Die kamen ins Gas
Richter Wie groß war der Prozentsatz
der Arbeitsfähigen
Angeklagter 8 Im Durchschnitt ein Drittel
des Transportes
Bei Überbelegung des Lagers
hatten die Transporte
geschlossen abzugehn
Richter Haben Sie selbst
Aussonderungen vorgenommen
Angeklagter 8 Ich kann dazu nur sagen
daß ich manchmal Nichtarbeitsfähige
zu den Arbeitsfähigen rübergeschoben habe
wenn die darum gebeten und gebettelt haben
Richter Durften Sie das
Angeklagter 8 Nein
das war verboten
aber man hat eben beide Augen zugedrückt
Richter Wurde für den Rampendienst
Sonderverpflegung ausgegeben
Angeklagter 8 Ja
da gab es Brot
eine Portion Wurst
und einen Fünftel Liter Alkohol

Richter Hatten Sie bei der Ausübung Ihrer Arbeit
Gewalt anzuwenden
Angeklagter 8 Da war immer ein großes Durcheinander
und da hat es natürlich mal
eine Zurechtweisung
oder eine Ohrfeige gegeben
Ich habe nur meinen Dienst gemacht
Wo ich hingestellt werde
mache ich eben meinen Dienst
Richter Wie kamen Sie zu diesem Dienst
Angeklagter 8 Durch Zufall
Das war so
Mein Bruder hatte noch eine Uniform übrig
die konnte ich übernehmen
Da hatte ich keine Unkosten
Es war geschäftshalber
Mein Vater hatte eine Gaststätte
da verkehrten viele Parteigenossen
Als ich abkommandiert wurde
hatte ich keine Ahnung
wohin ich kam
Bei meiner Ankunft fragte ich
Bin ich denn hier richtig
Da hat man gesagt
Hier bist du immer richtig
Ankläger Angeklagter Hofmann
wußten Sie
was mit den ausgesonderten Menschen
geschehen sollte
Angeklagter 8 Herr Staatsanwalt
Ich persönlich hatte gar nichts
gegen diese Leute
Die gab es ja auch bei uns zuhause
Ehe sie abgeholt wurden
habe ich immer zu meiner Familie gesagt
Kauft nur weiter bei dem Krämer
das sind ja auch Menschen

Ankläger Hatten Sie diese Einstellung noch
als Sie Dienst auf der Rampe taten

Angeklagter 8 Also
von kleinen Übeln abgesehen
wie sie solch ein Leben von vielen
auf engem Raum
nun einmal mit sich bringt
und abgesehen von den Vergasungen
die natürlich furchtbar waren
hatte durchaus jeder die Chance
zu überleben
Ich persönlich
habe mich immer anständig benommen
Was sollte ich denn machen
Befehle mußten ausgeführt werden
Und dafür habe ich jetzt
dieses Verfahren auf dem Hals
Herr Staatsanwalt
ich habe ruhig gelebt
wie alle andern auch
und da holt man mich plötzlich raus
und schreit nach Hofmann
Das ist der Hofmann
sagt man
Ich weiß überhaupt nicht
was man von mir will
[...]

IV. Epilog

Lea Fleischmann: Warum ich gehe

Ich habe beschlossen, nach Israel auszuwandern. Ich bin kein Zionist, ich bin kein religiöser Fanatiker, ich bin kein Millionär, sondern nur eine deutsche Studienrätin mit Planstelle, Versorgungsbezügen und beihilfeberechtigt. Besser gesagt, ich war es, bis zum 31. Januar 1979. Alles war prima, und trotzdem bekam ich langsam das Gefühl, als würde mir das deutsche Beamtentum die Kehle zuschnüren, alle gescheiterten Reformversuche hingen mir zum Hals heraus, und es kommt mir vor, als würde das deutsche Schulwesen dazu dienen, Kinder zu zerstören und nicht zu erziehen. Demokratisches Verhalten habe ich weder in der Lehrerschaft und schon gar nicht in der Schülerschaft gefunden. Alles, was ich fand, war ein System der Langeweile, der Angst und der Unterdrückung.

Als Studentin schrieb ich meine Diplomarbeit über die außerfamiliäre jüdische Erziehung, und das Fazit meiner damaligen Studien war:

»Nach der wirtschaftlichen Normalisierung beginnt sich eine geistige Normalisierung der Juden in Deutschland abzuzeichnen, und die jüdische junge Generation hat hier eine unbedingte Existenzberechtigung. Die Jüdischen Gemeinden sollten endlich aufhören, die Auswanderung nach Israel zu propagieren, sondern sollten das Interesse an der Bundesrepublik fördern, denn heute, fast dreißig Jahre nach Kriegsende, sind die Gemeinden aus dem Stadium der gepackten Koffer herausgetreten und haben sich als ein fester Bestandteil erwiesen. Die außerfamiliäre jüdische Erziehung wird sich diesem Zustand anpassen müssen, wenn sie sich nicht dem Vorwurf aussetzen will, die Realität bewußt zu ignorieren. Sie wird den Schwerpunkt darauf legen müssen, den Jugendlichen zu einem bewußten Juden zu erziehen, der seinen Platz innerhalb der nichtjüdischen Gesellschaft finden muß.« Das war 1973.

Ich bin so eine bewußte Jüdin und habe meinen Platz innerhalb der nichtjüdischen Gesellschaft gefunden, nämlich als Lehrerin im beruflichen Schulwesen. Ich war plötzlich mitten drin im deutschen Volk, und ich gebe nach fünfeinhalb Jahren meinen Platz zurück; setzt einen anderen drauf. Ich fand heraus, daß das Geheimnis der deutschen Erziehung die Zerstörung des Selbstbewußtseins ist, aus fröhlichen Kindern werden ängstliche Individuen, aus denkenden und selbstentscheidenden Menschen gut funktionierende Maschinen. Die Kinder dieses Volkes können einem leid tun, wie kalt und unpersönlich mit ihnen umgegangen wird, aber sie werden zu gefährlichen Erwachsenen, die aus Angst und für ein bißchen Anerkennung alles tun, was man von ihnen verlangt.
Als ich 15 Jahre alt war, kamen mir meine Eltern sehr altmodisch vor, und ich dachte, ich sei ganz anders. Je älter ich wurde, desto ähnlicher wurde ich meiner Mutter, und irgendwann stellte ich fest, daß die jungen Juden genauso sind wie die alten. Nun ist das ja keine neue Entdeckung. Ein altes Sprichwort sagt schon: Der Apfel fällt nicht weit vom Stamm.
Eine andere Frage erscheint mir viel interessanter. Wie ist es bei den Deutschen? Sind die Jungen auch so wie die Alten, oder ist bei ihnen der Apfel ganz weit vom Stamm gefallen? Es scheint so. Die Jungen sind freiheitlich-demokratisch, die Alten waren nationalsozialistisch, die Jungen haben die Vergangenheit bewältigt, die Alten nie verstanden, wieso sie diese Vergangenheit verursacht haben, die Jungen sind ungläubig darüber, daß ihre Eltern Hitler nachliefen, und die Alten waren eben von diesem Hitler begeistert.
Ich bin ein Mensch mit einfachen Gedanken und habe vieles nicht begriffen. Ich verstand den Zusammenhang zwischen Wirtschaftskrise und Judenmord nicht, die Sache mit der Verführung des deutschen Volkes habe ich auch nicht verstanden, und wie aus so prächtigen Nationalsozialisten über Nacht wunderbare Demokraten geworden sind, habe ich schon gar nicht verstanden. Zwar erklärte man mir, wenn einer als Student eine Doktorarbeit schreibt, in der er die

Überlegenheit der arischen Rasse nachweist, und heute ein sozialdemokratischer Politiker ist, so sei er ein Jugendsünder; wenn einer in der SS war und danach Vorsitzender eines demokratischen Wirtschaftsverbandes wird, so habe er auch in der Jugend gesündigt; und wenn einer hundert Menschen erschießt, dann muß ihm erst ein Richter nachweisen, daß er das Unrechtmäßige seiner Tat einsehen konnte, sonst glaubt er vielleicht auch, er sei ein Jugendsünder. Wenn das alles nicht so entsetzlich ernst wäre, könnte man es bei den Jugendsünden belassen, sie sind eine wunderbare Erklärung für alles.

Ich studierte Pädagogik, wurde Lehrerin im beruflichen Schulwesen, und ich lernte eine Erziehung kennen, die mir bis dahin fremd war. Bei den Juden läßt man den Kindern viel mehr Freiheit, bei den Deutschen werden sie von klein auf diszipliniert. »Gib das schöne Händchen«, »Frag nicht so dumm«, »Solange du deine Beine unter meinen Tisch streckst, tust du, was ich sage«, das sind Sprüche, die ich in meiner Kindheit nie gehört hatte, die aber zum täglichen Erziehungsrepertoire meiner Schüler gehörten. Ich stellte mir vor, ich wäre ein kleines Kind und man würde mir sagen: »Gib das schöne Händchen«, dann würde ich doch glauben, ich hätte auch ein häßliches Händchen, ich wüßte zwar nicht warum, aber es muß wohl so sein, wenn die Mutter das sagt. Oder jemand würde zu mir sagen: »Frag nicht so dumm«, dann würde ich glauben, ich sei nicht klug, und würde aufhören zu fragen, um meine Dummheit nicht zu zeigen. Durch solche Verhaltensmaßregeln wird das Selbstwertgefühl des Kindes zerstört, es traut sich nichts zu und wird ein braves Kind, das alles tut, was man von ihm verlangt.

Mir fiel aber noch etwas auf. Ich beobachtete die Unfähigkeit zu loben. Die Juden neigen dazu, die Leistungen ihrer Kinder überzubewerten, die Deutschen, sie unterzubewerten. Wenn ein Kind ein Bild malt, so ist eine typische Reaktion einer jüdischen Mutter: »Einmalig, wunderschön«, die der deutschen Mutter: »Das hast du fein gemacht, aber hier hättest du noch ein bißchen schöner ausmalen können.« In dem Lob steckt immer ein wenig Kritik und diese Kritik bewirkt, daß das Kind Angst bekommt, etwas falsch zu machen, und sich furchtbar viel Mühe gibt, ja alles richtig zu machen. Woher weiß es aber, was richtig oder falsch ist? Das sagen einem zuerst die Eltern, dann der Lehrer, dann der Vorgesetzte. Das sagen einem das Gesetz und die Verordnung. Und jeder trachtet danach, alles genau auszuführen, damit man ihm nicht vorwerfen kann, etwas falsch gemacht zu haben. Und wenn etwas unklar ist, dann ruft man sofort nach einer neuen Verordnung.

Nun komme ich zu der Sache mit dem Radikalenerlaß. Eigentlich könnte mir der Radikalenerlaß gleichgültig sein. Ich bin nicht radikal, und ob nun einige Kommunisten im öffentlichen Dienst arbeiten oder nicht, ist mir egal. Aber es faszinierte mich, mit welcher Genauigkeit und Gründlichkeit plötzlich nach Radikalen gesucht wurde, und das Entsetzlichste daran ist, daß der Beamte, der überprüft, das in der Regel nicht tut, weil er ernsthaft glaubt, er hätte einen Radikalen vor sich, sondern weil es eine Verordnung gibt, die vorschreibt, die Verfassungstreue ist nachzuprüfen. Er würde bei seinem eigenen Bruder die Verfassungstreue mit dem Argument: »Ich weiß zwar, daß du kein Radikaler bist, aber ich muß der Vorschrift Folge leisten« nachprüfen. Und genauso war es im Dritten Reich. Der Direktor, der den jüdischen Lehrer aus dem Schuldienst entlassen hat, sagte nicht: »Ich kann Juden nicht ausstehen«, sondern: »So ist die Vorschrift, und ich muß ihr Folge leisten«. Brav sind die Deutschen immer noch. In dem Punkt haben sie sich nicht geändert.

Wie ist das aber mit der Vergangenheitsbewältigung? Häufig habe ich gehört, die deutsche Jugend sei nicht genügend aufgeklärt. Was ich allein im Fernsehen über die Verbrechen im Dritten Reich gesehen habe, genügt, um mehr als aufgeklärt zu sein. Wenn Bundeswehrsoldaten Judenverbrennung spielen, dann sind sie aufgeklärt, wenn Schüler Witze über die Vergasungen reißen, dann wissen sie doch, was ihre Väter gemacht haben. Und wenn ich mich erinnere, wie Schüler

reagieren, wenn man über den Nationalsozialismus sprechen will: »Schon wieder das leidige Thema, es reicht uns langsam«, dann ist Aufklärung überflüssig.
Wie kommt es aber, daß es trotzdem eine Nostalgiewelle gibt, daß die Flohmärkte voll von Naziemblemen sind und daß auch viele junge Deutsche einen »kleinen Hitler« herbeisehnen? Diese Fragen haben mir meine Schüler beantwortet. Durch ihre Erziehung sind sie vollkommen verunsichert. Sie haben das Gefühl, dumm zu sein, nichts zu verstehen, und sind voller Minderwertigkeitskomplexe. Nicht alle, aber die meisten. Und nun stelle ich mir vor, einem so verunsicherten Menschen erzählt man: »Du gehörst zur Herrenrasse, und der jüdische reiche Kaufmann oder Professor ist ein Untermensch«, und plötzlich ist Lieschen Müller, die sich nicht traut, den Mund aufzumachen, ein Herrenmensch. Und alle bestätigen das. Der Wissenschaftler, der eine Arbeit über die Vortrefflichkeit der arischen Rasse schreibt, der Lehrer, der in der Schule Rassenkunde betreibt und nachweist, daß blondes Haar ein erlesenes Merkmal ist, der Beamte, der den Ariernachweis überprüft. Das alles genügt aber noch nicht. Der reiche jüdische Kaufmann wäre dann immer noch der reiche jüdische Kaufmann. Also muß man ihm sein Vermögen wegnehmen, man muß ihn demütigen und quälen, damit man dem eigenen schwachen Selbstbewußtsein beweist, der ist ja wirklich ein Untermensch. Zum Leidwesen der Herrenmenschen dauerte diese Herrlichkeit nur zwölf Jahre und dann war es aus. Der Krieg war verloren, und der Herrenmensch stand als dämliche Bestie da.
Zwar wurde von heute auf morgen alles demokratisch, nur die Erziehung änderte sich nicht. Ordnung, Gehorsam und Fleiß sind nach wie vor wichtige Erziehungsgrundsätze, Widerspruch ist unerwünscht. Nach wie vor wird das Kind mehr getadelt als gelobt und kann kein Selbstbewußtsein entwickeln. Einer, der kein Selbstbewußtsein hat, muß andere verachten; indem er den anderen verachtet, redet er sich ein, etwas Besseres zu sein. »Türken sind Knoblauchfresser«, wird verächtlich behauptet. Es mag sein, daß Türken viel

Knoblauch essen, aber was ist denn so schlimm daran? »Italiener sind laut«, ich bin davon überzeugt, daß Italiener lauter sind als Deutsche, aber was ist denn am Leisesein so gut?
Solange so ein braver, ängstlicher, nur seine Pflicht tuender Mensch Arbeit hat, kann er ein wenig Anerkennung im Beruf erlangen. Verliert er seine Arbeit, dann verliert er seinen Halt. Und dann braucht er wieder etwas, das ihn stärkt. Und was stärkt besser als die Einbildung, Deutschsein ist etwas besonders Gutes und ein deutscher Herrenmensch ist etwas ganz Ausgezeichnetes? So erkläre ich mir, daß 1966, zur Zeit der Rezession, die NPD einen so hohen Stimmengewinn erzielen konnte und zur Zeit der Jugendarbeitslosigkeit eine Zunahme von neofaschistischen Aktivitäten bei Jugendlichen zu beobachten ist.
Die Deutschen beteuern immer, daß es keine Kollektivschuld gäbe. Ich kenne den Begriff Kollektivschuld von zu Hause her nicht und würde nie behaupten, daß es so etwas gibt. Aber es kommt mir vor, als gäbe es hier ein Minderwertigkeitsgefühl und eine Angst auf einer so breiten Basis, daß man schon fast von einer Kollektivangst reden kann, und die außerordentliche Perfektion und Gründlichkeit auf allen Gebieten dient dazu, diese Minderwertigkeitsangst zu verstecken. Deswegen gibt es wenig individuelle Kritik, denn um Kritik zu üben, muß man selbstbewußt auftreten und darf nicht zu viel Angst haben. Selbstverständlich gibt es auch hierzulande kritische Menschen. Es gab sie zu Zeiten des Nationalsozialismus ebenso wie heute, aber damals saßen sie in den Konzentrationslagern, und heute haben sie Schwierigkeiten, in den öffentlichen Dienst zu gelangen. Ich bin heute nicht mehr bereit, um der paar Ausnahmen willen, den Deutschen zu bescheinigen, ihr habt euch geändert.
Und wenn ich beobachte, wie alle Versuche, in der Erziehung etwas zu verändern, scheitern, wie durch immer neue Gesetze, Erlasse und Verordnungen der Freiraum der Menschen hier eingeengt wird und wie reibungslos und brav jede Anweisung nach wie vor befolgt wird, dann sehe ich, wie recht das alte Sprichwort hat: »Der Apfel fällt nicht weit vom Stamm.«

Arbeitsvorschläge

I. Texte mit antijüdischer Tendenz

1. Untersuchen Sie anhand der Texte des Kapitels I, welche stereotypen Eigenschaften den Juden zugeschrieben und welche Anschuldigungen gegen sie erhoben werden. Unterscheiden Sie dabei *systematisch* und *historisch* zwischen religiös, ökonomisch und rassistisch motivierter Judenfeindschaft.

2. Analysieren Sie das Bild des Juden in den Texten von Grimm, Sessa, Freytag und Zöberlein. Unterscheiden Sie dabei nach äußerer Erscheinung, Charakter, Sprache und Handlungsweise.

3. Untersuchen Sie die Texte 1, 2, 6 und 8 auf ihren Adressatenbezug (Welche sozialen Gruppen spricht der jeweilige Text vornehmlich an?) und ihren (impliziten) Appellcharakter (Wozu fordert der Text direkt oder indirekt auf?).
Mit welchen Vorurteilen auf seiten des Publikums kalkulieren die Autoren?

4. Informieren Sie sich über den zeitgeschichtlichen Hintergrund der Texte 1–3 und 6, und legen Sie dar, aufgrund welcher wirtschaftlichen und sozialen Bedingungen die Autoren mit einer verstärkten Aufnahmebereitschaft für antijüdische Polemik rechnen konnten.

5. Untersuchen Sie die Texte 1 und 8 im Hinblick auf die Darstellung der Eigengruppe.
Mit welchen Mitteln soll Gruppenloyalität erzeugt werden?

6. Untersuchen Sie die Texte 1 und 8 auf ihre Bildlichkeit. Aus welchen Bereichen stammen die Metaphern und

Vergleiche, mit denen die Juden gekennzeichnet werden?
Welche Wirkungen auf Einstellung und Verhalten der Leser gegenüber den Juden als Gruppe halten Sie für möglich?

7. »Die Geschichte der Juden in Deutschland hat ein katastrophales Ende genommen, und weil wir dieses Ende kennen, liegen alle Geschichten, die es innerhalb dieser über tausend Jahre währenden Geschichte gegeben hat, immer schon im Schlagschatten der Katastrophe [. . .]« (K. Oettinger).
Erläutern Sie dieses Zitat. Beziehen Sie sich zur Illustration auf Beispiele aus der Textgruppe I.
Welche Faktoren müssen für eine historisch begründete Textinterpretation in Rechnung gestellt werden?

8. Hans Folz: Jüdischer Wucher (1)

8.1. Informieren Sie sich über die rechtliche und soziale Stellung der Juden im Spätmittelalter, und verfassen Sie zu dem Text von Folz eine »Gegenrede«.

9. Unbekannter Verfasser: Unglaublicher Vorfall (2)

9.1. Untersuchen Sie Stil und Darbietungsform des Textes.
9.2. Bestimmen Sie die Intention des Verfassers, und äußern Sie sich zu der mutmaßlichen Wirkung des Textes.
9.3. Arbeiten Sie die Elemente des »Wunderbaren« heraus, und deuten Sie ihre Funktion.

10. Hermann Bote: Die 35. Historie (3)

10.1. Woraus bezieht der Text von Bote seine Komik? Bestimmen Sie die Angriffspunkte der satirischen Kritik.
10.2. Welche (sozial)psychologische Funktion könnte die Historie gehabt haben? Beziehen Sie in Ihre Überlegungen auch den Einleitungssatz ein.

11. Jacob und Wilhelm Grimm: Der Jude im Dorn (4)

11.1. Zeigen Sie, mit welchen Mitteln der Erzähler eine Identifikation des Lesers mit dem Juden zu verhindern sucht.
11.2. Wie beurteilen Sie den Schluß des Märchens?
11.3. Welche Rückschlüsse lassen sich auf die Einstellung des angesprochenen Publikums ziehen?

12. Karl Boromäus Alexander Sessa: Der alte und der junge Jude (5)

12.1. Charakterisieren Sie Abraham Hirsch und seinen Sohn Jakob hinsichtlich ihrer Gemeinsamkeiten und Unterschiede.
12.2. Welcher Zusammenhang besteht nach Sessa zwischen jüdischer Religion und jüdischem Geschäftsgebaren?
12.3. Analysieren Sie die sprachlichen Mittel, durch die die Komik des Stückes erzielt wird.

13. Franz Dingelstedt: Das Frankfurter Ghetto (6)

13.1. Vergleichen Sie Dingelstedts Schilderung des Frankfurter Ghettos mit der Goethes (*Dichtung und Wahrheit*, 1. Teil, 4. Buch) und Heines (*Der Rabbi von Bacherach*, 2. Kap.). Bestimmen Sie jeweils Erzählperspektive, Autorintention und historischen Kontext.
13.2. Mit welchen Argumenten wird in den Texten 5 und 6 gegen die Emanzipation der Juden Stellung genommen? Was ließe sich ihnen entgegenhalten?

14. Gustav Freytag: Veitel Itzig (7)

14.1. Charakterisieren Sie Veitel Itzig nach seinem Auftreten in dem Auszug aus Freytags Roman.
Inwiefern liefert der Text Ansatzpunkte für eine antisemitische Auslegung?

II. Texte zur Auseinandersetzung mit dem antisemitischen Vorurteil

1. Gotthold Ephraim Lessing: Die Juden (1)

1.1. »[Für] Lessing war das Vorurteil ein Problem der richtigen Erkenntnis bzw. des Vermeidens von falschen oder vorschnellen Verallgemeinerungen« (J. Elliott/J. Pelzer).
Prüfen Sie diese These anhand des sechsten Auftrittes der *Juden*.

1.2. Untersuchen Sie den sechsten Auftritt vor dem Hintergrund der Erkenntnisse, die der zweiundzwanzigste Auftritt dem Leser/Zuschauer vermittelt:
- Charakterisieren Sie den Reisenden. In welchen Konflikt gerät er in dieser Szene?
- Lessing gibt seinem Stück den Untertitel »Ein Lustspiel in einem Aufzuge«. Zeigen Sie, worin die (Tragi-)Komik des sechsten Auftrittes besteht.
- Stellen Sie dar, mit welchem Kunstgriff Lessing versucht, die Vorurteile gegenüber den Juden auszuräumen.

1.3. Prüfen Sie anhand des zweiundzwanzigsten Auftrittes, ob und inwieweit die Aufdeckung der wirklichen Verhältnisse zu einer Revision des Vorurteils bei dem Baron führt. Interpretieren Sie in diesem Zusammenhang auch das Verhalten und die Äußerungen des Dieners Christoph.

2. Ricarda Huch: Das Judengrab (2)

2.1. Erarbeiten Sie an Hand des Textes allgemeine Kennzeichen der Satire.

2.2. Charakterisieren Sie den Pfarrer und den Bürgermeister in Huchs Erzählung, und analysieren Sie die Rolle, die beide in der Angelegenheit des »toten« Samuel spielen.

2.3. Warum kommt es in Jeddam zu Unruhen? Unterscheiden Sie Ursachen, Anlaß und verstärkende Momente sowie die Motive der Beteiligten.

2.4. Welche allgemeinen Erkenntnisse über Entstehung, Ursachen und Wirkungsweise antisemitischer Vorurteile lassen sich aus der Erzählung gewinnen?

3. Bertolt Brecht: Der Jude, ein Unglück für das Volk (3)

3.1. Analysieren Sie die satirische Technik, mit der Brecht die nationalsozialistische Propaganda entlarvt.

4. Max Frisch: Der andorranische Jude (4)

4.1. Stellen Sie zusammen, welche stereotypen Vorstellungen das »Bildnis« des andorranischen Juden prägen.

4.2. Prüfen Sie, inwieweit die dem Juden zugeschriebenen Eigenschaften auf die Andorraner selbst zutreffen.

4.3. Untersuchen Sie die Haltung des Erzählers zum Erzählten. Wie steht er zu dem »fertigen Bildnis«? Wie beurteilt er die Haltung jener Andorraner, die den jungen Mann gerade um »seiner jüdischen Eigenschaften willen« achten?

4.4. Wie wirkt sich das Vorurteil auf das Verhalten des andorranischen Juden aus? Vergleichen Sie unter dieser Fragestellung auch Elisabeth Langgässers Kurzgeschichte *Untergetaucht* (III,4).

4.5. Welchen Weg sieht Frisch zur Überwindung von Vorurteilen? Setzen Sie sich mit seiner Auffassung kritisch auseinander.

5. Franz Fühmann: Das Judenauto (5)

5.1. Untersuchen Sie die Erzählung von Fühmann unter der Fragestellung, wie Vorurteile und Klischeevorstellungen in die Köpfe ihrer Träger kommen.

5.2. Bestimmen Sie die Elemente des antisemitischen Vorurteils in Fühmanns Erzählung. Ziehen Sie vergleichend die Ergebnisse von Aufgabe I,1 heran.

5.3. Zeigen Sie, wie das Vorurteil die Wahrnehmung und das Verhalten des Jungen beeinflußt.
Vergleichen Sie unter diesem Gesichtspunkt das tatsächliche Erlebnis mit der Erzählung des Jungen am nächsten Tag. Welche besonderen Faktoren begünstigen die verzerrte Wahrnehmung?

5.4. Deuten Sie den Schlußabschnitt. Wie wirkt sich die Demütigung des Jungen aus?

6. Walter Matthias Diggelmann: Der Jud Bloch (6)

6.1. Analysieren Sie die Technik der »Informationsvergabe« in Diggelmanns Erzählung, und bestimmen Sie ihre Funktion.

6.2. Untersuchen Sie, wie die alte Bäuerin den Juden darstellt, und versuchen Sie, ihre Einstellung gegenüber Bloch zu beschreiben.

6.3. Warum wird der Jude Bloch zum Objekt der Aggressionen seiner Umwelt?
Stellen Sie im Zusammenhang dar, welche Ursachen des Antisemitismus die Erzählung offenlegt.

III. Die nationalsozialistische Judenverfolgung im Spiegel literarischer Texte

1. Informieren Sie sich über die politischen Voraussetzungen und die Phasen der Judenverfolgung im Dritten Reich. Ordnen Sie die Texte des Kapitels einzelnen Phasen zu.

2. Lion Feuchtwanger: Abgeholt (1)

2.1. Wie verändert sich die soziale und psychische Situation der Wolfsohns nach der Machtübernahme durch die Nationalsozialisten?

2.2. Wie reagieren Wolfsohn und seine Frau auf die bedrohliche Lage?

2.3. Lesen Sie die Texte 1 und 2 im Vergleich, und stellen Sie im Zusammenhang dar, welche Einsichten sie über die Situation der Juden in der Anfangsphase des Dritten Reiches vermitteln.

3. Rudolf Leonhard: Jüdisches Kind (2)

3.1. Arbeiten Sie heraus, inwiefern die Geschichte des kleinen Jakob darüber aufklärt, »was der Nationalsozialismus in Deutschland und für Deutschland ist«.

3.2. Untersuchen Sie Wirkungsabsicht und Appellcharakter der Erzählung Leonhards.
Weisen Sie die allgemeinen Propagandagesetze der »Vereinfachung«, »Wiederholung« und »Autorität« in der Erzählung nach.

3.3. Vergleichen Sie die Erzählungen Fühmanns (II,5) und Leonhards unter selbstgewählten Gesichtspunkten.

4. Bertolt Brecht: Die jüdische Frau (3)

4.1. Untersuchen Sie, wie die NS-Herrschaft
– die Beziehungen des Ehepaars zu seinen Bekannten
– die Beziehungen zwischen der jüdischen Frau und ihrem Ehemann verändert hat.
Inwiefern sieht Brecht die Situation der Frau als teilweise mitverschuldet?

4.2. Interpretieren Sie im Textzusammenhang den Satz: »Charakter, das ist eine Zeitfrage. Er hält soundso lange, genau wie ein Handschuh.«

4.3. Wo wird in der simulierten Rede der Frau die Ebene der persönlichen Ansprache verlassen und die Szene auf das Publikum hin »geöffnet«?

4.4. Ergänzen Sie den von Brecht ausgesparten Text der Telefonpartner der Judith.

4.5. Vergleichen Sie die jüdische Frau in Brechts Szene mit der Jüdin in Elisabeth Langgässers Kurzgeschichte *Untergetaucht* (4).

5. Elisabeth Langgässer: Untergetaucht (4)

5.1. Zeigen Sie, wie sich die Beziehung zwischen der verfolgten Jüdin und ihrer Helferin entwickelt.

5.2. Interpretieren Sie den Satz »Ich war ja schließlich auch nur ein Mensch« im Textzusammenhang.

5.3. Beurteilen Sie
– das Verhalten Friedas
– das Verhalten der Jüdin bei ihrer Entdeckung.
Welche Erkenntnis vermittelt der Schluß?

5.4. Deuten Sie die Reaktion des Ich-Erzählers auf den Ausgang von Friedas »Geschichte«. Vergleichen Sie sie mit Ihrer Reaktion als realer Leser.

6. Peter Weiss: Gesang von der Rampe II (5)

6.1. Überlegen Sie, welche künstlerischen und moralischen Probleme die literarische Darstellung der Judenvernichtung aufwirft.
Mit welchen dramaturgischen und sprachgestalterischen Mitteln versucht Weiss, die Wirklichkeit von Auschwitz darzustellen?

6.2. Untersuchen Sie das Verhältnis von Sprachform und dargestellter Wirklichkeit, und versuchen Sie, die Wirkung und Funktion der sprachlichen Gestaltungsmittel zu bestimmen.

6.3. Untersuchen Sie die unterschiedliche Perspektive, aus der die Zeugen / die Angeklagten die Vorgänge im Lager darstellen.

6.4. Analysieren Sie die Rechtfertigungsversuche der Angeklagten, und setzen Sie sich mit ihren Argumenten kritisch auseinander.

6.5. Das Stück von Weiss endet mit den Worten eines Angeklagten:
»Heute / da unsere Nation sich wieder / zu einer führenden Stellung / emporgearbeitet hat / sollten wir uns mit anderen Dingen befassen / als mit Vorwürfen / die längst als verjährt / angesehen werden müßten.«

Worin sehen Sie die Funktion dieses Schlusses? Nehmen Sie zu der Äußerung des Angeklagten Stellung.

7. Erörtern Sie, was die hier versammelten literarischen Texte im Vergleich zu historischen Dokumenten leisten.

8. Diskutieren Sie, ob und inwiefern die Texte dieses Kapitels eine Antwort auf die Frage geben können, »warum alles so kommen konnte, wie es kam« (W. Frey).

IV. Epilog

1. Lea Fleischmann: Warum ich gehe

1.1. Welche Unterschiede sieht Lea Fleischmann in der Erziehung deutscher und jüdischer Kinder? Welche Folgen hat – in der Sicht der Autorin – der »bei den Deutschen« praktizierte Erziehungsstil?
1.2. »Der Apfel fällt nicht weit vom Stamm.« Interpretieren Sie dieses Urteil Fleischmanns im Textzusammenhang, und nehmen Sie aufgrund eigener Erfahrungen und Kenntnisse dazu Stellung.
1.3. Stellen Sie zusammenfassend dar, warum Lea Fleischmann sich entschlossen hat, nach Israel auszuwandern. Wie beurteilen Sie die Argumente und Motive der Autorin?

Autoren- und Quellenverzeichnis

HERMANN BOTE (um 1467–um 1520)

Mehr als vier Jahrhunderte blieb der Verfasser des Eulenspiegelbuches unerkannt, ehe ein Schweizer Jurist das Geheimnis der Autorschaft Botes lüftete. Die Biographie dieses wohl bedeutendsten niederdeutschen Dichters ist erst in Umrissen bekannt: Als Sohn eines Braunschweiger Schmiedemeisters geboren, war Bote im Dienst seiner Vaterstadt tätig. Um 1488 und zwischen 1497 und 1513 übte er das Amt eines Zollschreibers aus; ferner wird er als Amtsvogt (um 1493) und als Verwalter einer städtischen Ziegelei (1516–20) erwähnt. Neben dem berühmten Volksbuch hat Bote Werke mit lokalgeschichtlichem Bezug sowie zwei Weltchroniken verfaßt.
Die 35. Historie sagt, wie Eulenspiegel die Juden in Frankfurt am Main um tausend Gulden betrog, indem er ihnen seinen Dreck als Prophetenbeere verkaufte. Aus: H. B., Till Eulenspiegel. Vollst. Ausg. Hrsg. von Siegfried H. Sichtermann. 2., durchges. Aufl. Frankfurt a. M.: Insel Verlag 1981. S. 104–107. Erstdruck 1510/11.

BERTOLT BRECHT (1898–1956)

Geboren in Augsburg als Sohn eines Papierfabrikanten. Einer der vielseitigsten und einflußreichsten deutschsprachigen Autoren des 20. Jahrhunderts. Das Gesamtwerk umfaßt über 30 Theaterstücke, mehr als 1300 Gedichte, Romane und viele Prosaarbeiten. Schon als 16jähriger veröffentlichte Brecht Gedichte und Kurzgeschichten. 1917 Medizinstudium, 1918 Sanitätssoldat. In den 20er Jahren wandte sich Brecht immer mehr dem Theater zu: Dramaturg in München und Berlin, erste erfolgreiche Dramen (»Baal«, »Trommeln in der Nacht«). Das Studium des Marxismus wurde für sein Schaffen prägend. 1933 Emigration nach Dänemark (1935 in Deutschland ausgebürgert), nach 1939 über Schweden, Finnland, Sowjetunion in die USA. Während des Exils entstanden die bedeutendsten Dramen: »Mutter Courage und ihre Kin-

der« (1941), »Der gute Mensch von Sezuan« (1942), »Leben des Galilei« (1943), »Herr Puntila und sein Knecht Matti« (1948). 1948 Rückkehr nach Deutschland. Gründete in Ost-Berlin das »Berliner Ensemble«.
Der Jude, ein Unglück für das Volk. Aus: B. B., Gesammelte Werke in acht Bdn. Hrsg. vom Suhrkamp Verlag in Zusammenarbeit mit Elisabeth Hauptmann. Bd. 4: Gedichte. Frankfurt a. M.: Suhrkamp 1967. S. 713 f. Erstdruck 1939. – *Die jüdische Frau.* Aus: B. B., Furcht und Elend des Dritten Reiches. 24 Szenen. In: B. B., Gesammelte Werke in acht Bdn. Hrsg. vom Suhrkamp Verlag in Zusammenarbeit mit Elisabeth Hauptmann. Bd. 2: Stücke 2. Frankfurt a. M.: Suhrkamp 1967. S. 1127–1133. Erstdruck 1938.

WALTER MATTHIAS DIGGELMANN (1927–79)
Geboren in Zürich. Wuchs als Sohn einer Magd in Heimen und bei Pflegeeltern auf, begann dann eine Uhrmacherlehre. 1944 in Italien, von dort als »Fremdarbeiter« nach Dresden gebracht; nach Flucht Verhaftung, bis Kriegsende in deutschen Gefängnissen. 1945 Rückkehr in die Schweiz. Diggelmann war als Regieassistent, Rundfunkdramaturg und Journalist tätig, lebte dann als freier Schriftsteller in Zürich.
Diggelmann gehörte mit seinen sozialkritischen Werken (Erzählungen, Romane, Dramen, Hörspiele, Fernsehspiele) zu den umstrittensten Autoren der Schweiz nach 1945. Er griff – häufig in einer Verbindung von Dokumentation und Fiktion – Themen auf, die in der Schweiz von politischer Brisanz waren. In seinem Roman »Die Hinterlassenschaft« (1965) z. B. macht er ein Stück »unbewältigter Vergangenheit« der Schweiz während des Dritten Reiches (Sympathie mit dem Nationalsozialismus, Rückweisung jüdischer Flüchtlinge) bewußt, in »Der Reiche stirbt« (1977) unterzieht er den Schweizer Kapitalismus einer radikalen Kritik. Als positives Gegenbild galt ihm immer mehr die DDR (»DDR – Tagebuch einer Erkundungsreise«, 1977).
Der Jud Bloch. Aus: W. M. D., Reise durch Transdanubien. Erzählungen. Zürich u. Köln: Benziger 1974. S. 21–34.

FRANZ DINGELSTEDT (1814–81)

Geboren in Halsdorf (Bezirk Kassel). Sohn eines Unteroffiziers. Nach dem Studium der Theologie und Philologie Tätigkeit als Lehrer in der Nähe von Hannover und in Kassel, daneben Mitarbeit an literarischen Zeitschriften. Wegen oppositioneller Äußerungen Strafversetzung nach Fulda, nach erneuten Differenzen mit der Behörde 1841 Abschied vom Staatsdienst. Redakteur der »Augsburger Allgemeinen Zeitung«, dann deren Korrespondent in Paris und London. Politische Wendung nach rechts. 1843 Kabinettsbibliothekar beim König von Württemberg, 1846–80 Tätigkeit als Dramaturg, Intendant und Direktor an verschiedenen Bühnen (Stuttgart, München, Weimar, Wien). 1876 in den Freiherrnstand erhoben. Dingelstedts spätere Werke (Romane und Dramen) haben nicht die Bedeutung der 1840 anonym erschienenen, sozialkritischen »Lieder eines kosmopolitischen Nachtwächters« erlangt. In seinem Roman »Die Amazone« (1868) schildert Dingelstedt das Wiener Pressemilieu mit deutlich antisemitischer Tendenz. In seiner Theaterzeit ist er als bedeutender Shakespeare-Übersetzer und -bearbeiter hervorgetreten.

Das Frankfurter Ghetto. Aus: F. D., Lieder eines kosmopolitischen Nachtwächters. Studienausg. mit Komm. u. Einl. von Hans-Peter Bayerdörfer. Tübingen: Niemeyer 1978. S. 129 f.

LION FEUCHTWANGER (1884–1958)

Geboren in München als Sohn eines jüdischen Fabrikanten. Bedeutender Verfasser von historischen und zeitgeschichtlichen Romanen. Nach Studium und Promotion zum Dr. phil. war Feuchtwanger zunächst als Theaterkritiker tätig. Der internationale Durchbruch als Schriftsteller gelang ihm mit seinem Roman »Jud Süß« von 1925. Auf einer Vortragsreise in den Vereinigten Staaten von der nationalsozialistischen Machtergreifung überrascht, siedelte Feuchtwanger sich in Südfrankreich an. 1940 interniert; Flucht in die USA, seit 1941 in Pacific Palisades (Calif.) ansässig. Seine Romane

erlebten auch im Exil hohe Auflagen. Nationalpreis der DDR 1953.
Weitere Werke (u. a.): »Der Wartesaal« (Romantrilogie). Bd. 1: »Erfolg« (1930); Bd. 2: »Die Geschwister Oppenheim« (1933, ab 1949 u. d. T.: »Die Geschwister Oppermann«); Bd. 3: »Exil« (1939). – »Josephustrilogie«. Bd. 1: »Der jüdische Krieg« (1932); Bd. 2: »Die Söhne« (1935); Bd. 3: »Der Tag wird kommen« (1945). – »Die Jüdin von Toledo« (1955).
Abgeholt. Aus: L. F., Die Geschwister Oppermann. Frankfurt a. M.: Fischer Taschenbuch Verlag 1984. S. 283–287. Erstdruck 1933.

HANS FOLZ (zwischen 1435/40–1513)

Geboren in Worms. Ließ sich nach Lehr- und Wanderjahren, die ihn bis nach Nordspanien führten, 1459 in Nürnberg nieder, wo er in der Folgezeit den Meistertitel im Barbierhandwerk erwarb. Zum Teil mit einer eigenen Presse veröffentlichte Folz ein umfangreiches literarisches Werk, das neben Meisterliedern und Fastnachtspielen auch 44 Reimpaarsprüche (in Reimpaaren abgefaßte, nichtdramatische Sprechdichtungen) umfaßt. In den schwelenden Konflikt zwischen dem Nürnberger Rat und der in der Stadt ansässigen Judengemeinde griff Folz mehrfach mit scharf antijüdischen Tendenzdichtungen ein; sie halfen den Boden bereiten für die Austreibung der Nürnberger Juden, die 1499 erfolgte.
Jüdischer Wucher. Aus: H. F., Die Reimpaarsprüche. Hrsg. von Hanns Fischer. München: Beck 1961. S. 315–318. (Münchener Texte und Untersuchungen zur deutschen Literatur des Mittelalters 1.) Erstdruck 1491.

LEA FLEISCHMANN (geb. 1947)

Kam als Kind jüdischer Eltern, die den Holocaust überlebten, in einem Lager in Föhrenwald (Obb.) zur Welt und wuchs in der Bundesrepublik auf. Nach Pädagogikstudium fünf Jahre als Studienrätin im beruflichen Schulwesen tätig. 1979 Beendigung der Beamtenlaufbahn und Auswanderung

nach Israel. Bilanz ihrer Erfahrungen in Deutschland und Israel in zwei Büchern: »Dies ist nicht mein Land. Eine Jüdin verläßt die Bundesrepublik« (1980) und »Ich bin Israelin. Erfahrungen in einem orientalischen Land« (1982).
Warum ich gehe. Aus: Fremd im eigenen Land. Juden in der Bundesrepublik Deutschland. Hrsg. von Henryk M. Broder u. Michael R. Lang. Frankfurt a. M.: Fischer Taschenbuch Verlag 1979. S. 138–143.

GUSTAV FREYTAG (1816–95)

Geboren in Kreuzburg (Oberschlesien) als Sohn eines Arztes und Bürgermeisters. Nach Studium und Promotion Privatdozent (germanische Philologie). Ab 1844 zunehmend schriftstellerische Tätigkeit. Unter dem Eindruck der Revolution 1848 auch publizistisches und politisches Engagement: 1848–70 Mitherausgeber der liberalen Zeitschrift »Die Grenzboten«, 1867–70 Abgeordneter der nationalliberalen Partei im Norddeutschen Reichstag. Freytag repräsentierte in seinen Werken den aufstrebenden begüterten und gebildeten bürgerlichen Mittelstand, vor allem mit dem Kaufmannsroman »Soll und Haben« (1855) wurde er zum Lieblingsautor des deutschen Bürgertums. Weitere wichtige Werke: »Die Journalisten« (Komödie, 1852), »Bilder aus der deutschen Vergangenheit« (Kulturgeschichte, 1859–64) und »Die Ahnen« (Romanzyklus, 1872–80).
Freytag war als Liberaler Befürworter der rechtlichen und sozialen Gleichstellung der Juden (Emanzipation). Er wandte sich deutlich gegen den seit den 80er Jahren des 19. Jahrhunderts aufkommenden modernen Antisemitismus und gegen eine Interpretation von »Soll und Haben« in antisemitischem Sinn. Veitel Itzig wollte er als rein literarische Gestalt verstanden wissen. Bis zum Ende seines Lebens war Freytag aktiv an der Arbeit des »Vereins zur Abwehr des Antisemitismus« beteiligt.
Veitel Itzig. Aus: G. F., Soll und Haben. Roman in sechs Büchern. Mit einem Nachw. von Hans Mayer. München u. Wien: Hanser 1977. S. 23–26. Erstdruck 1855.

MAX FRISCH (geb. 1911)

Geboren in Zürich. Sohn eines Architekten. Studierte, nach einem 1933 abgebrochenen Studium der Germanistik, von 1936–41 Architektur in Zürich, wo er ab 1942 auch ein eigenes Büro betrieb. Seit 1954 freier Schriftsteller. 1960–65 in Rom, danach im Tessin ansässig. Frisch unternahm ausgedehnte Reisen u. a. in die USA, nach Israel, in die UdSSR und nach Japan; er ist Träger verschiedener literarischer Auszeichnungen, darunter des Georg Büchner-Preises (1958) und des Friedenspreises des Deutschen Buchhandels (1976).

Nach ersten Versuchen als Romancier (»Jürg Reinhart«, 1934; »J'adore ce qui me brûle oder Die Schwierigen«, 1943) wandte sich Frisch dem Theater zu. In rascher Folge erschienen nach Kriegsende die Stücke »Nun singen sie wieder« (1946), »Die chinesische Mauer« (1947), »Als der Krieg zu Ende war« (1949), »Graf Öderland« (1951), »Don Juan oder Die Liebe zur Geometrie« (1951). 1954 veröffentlichte Frisch seinen vielbeachteten Roman »Stiller«; es folgten »Homo Faber« (1957) und »Mein Name sei Gantenbein« (1964). – Die in unserer Sammlung abgedruckte Prosaskizze bildete die Keimzelle zu dem Stück »Andorra« (1961 uraufgeführt), mit dem Frisch einen überragenden Bühnenerfolg erzielte.

Weitere Werke: »Tagebuch 1946–1949« (1950); »Tagebuch 1966–1971« (1972); »Biedermann und die Brandstifter« (Hörspiel u. Drama, 1958); »Montauk. Erzählung« (1975); »Der Mensch erscheint im Holozän« (Erzählung, 1979).

Der andorranische Jude. Aus: M. F., Tagebuch 1946–1949. In: M. F., Gesammelte Werke in zeitlicher Folge. Hrsg. von Hans Mayer unter Mitw. von Walter Schmitz. Bd. 2,2. Frankfurt a. M.: Suhrkamp ^{2}1976. S. 372–374. Erstdruck 1950.

FRANZ FÜHMANN (1922–84)

Der in einem kleinen Ort in Böhmen geborene Apothekerssohn wuchs nach eigenem Bekenntnis in einer »rüde nationalistisch-faschistischen Lebenssphäre« auf. Als Oberschüler

zur Wehrmacht eingezogen, geriet er im Mai 1945 in russische Kriegsgefangenschaft. Die kritische Auseinandersetzung mit der nationalsozialistischen Vergangenheit und das Studium des dialektischen Materialismus führten eine »Lebenswende« herbei, die Fühmann bestimmte, sich nach seiner Entlassung in Ost-Berlin anzusiedeln. Der Nationalpreisträger der DDR (1957) ist Autor von Gedichten, Erzählungen (u. a. »Stürzende Schatten«, 1958; »Das Judenauto«, 1962) und Essays (u. a. »Erfahrungen und Widersprüche«, 1975). Das Tagebuch einer Ungarnreise »22 Tage oder Die Hälfte des Lebens« erschien 1973. Fühmann schrieb auch Nacherzählungen griechischer und germanischer Sagen für Kinder.
Das Judenauto. Aus: F. F., Das Judenauto. Berlin u. Weimar: Aufbau-Verlag 1962. S. 5–14.

JACOB (1785–1863) und WILHELM (1786–1859) GRIMM

Geboren in Hanau als Söhne eines Justizamtmanns. Begründeten in enger Lebens- und Arbeitsgemeinschaft die moderne Germanistik als Sprach- und Literaturgeschichte sowie die deutsche Märchen- und Sagenforschung. Nach einem Jurastudium wirkten beide u. a. als Professoren für deutsche Altertumswissenschaft in Göttingen; 1837 Amtsenthebung wegen der Teilnahme am Protest der »Göttinger Sieben« gegen den Verfassungsbruch des hannoverschen Königs. Ab 1840/41 Mitglieder der Akademie der Wissenschaften und Professoren in Berlin. 1806 begannen die Brüder Grimm mit der Aufzeichnung und Sammlung mündlich überlieferter Sagen und Märchen. 1812 erschien die erste Auflage der »Kinder- und Hausmärchen«.
Der Jude im Dorn. Aus: Brüder Grimm, Kinder- und Hausmärchen. Mit einem Anh. sämtl., nicht in allen Aufl. veröff. Märchen u. Herkunftsnachweisen hrsg. von Heinz Rölleke. Bd. 2. Stuttgart: Reclam 1980. (Reclams UB Nr. 3192. [6].) S. 124–129. Erstdruck 1815.

RICARDA HUCH (1864–1947)

Stammte aus einer großbürgerlichen Braunschweiger Kaufmannsfamilie, studierte Geschichte, Philosophie und Philologie in Zürich und promovierte (als eine der ersten Frauen) 1892 über ein historisches Thema. Arbeit als Bibliothekarin und Lehrerin in Zürich, als Lehrerin in Bremen und Wien; lebte dann als Schriftstellerin an verschiedenen Orten, u. a. in Italien. – 1933 trat sie aus Protest gegen Mitgliedsausschlüsse aus der Preußischen Akademie der Künste aus.

Das umfangreiche und erfolgreiche Werk Huchs umfaßt sowohl historische Werke: »Die Romantik« (1908), »Der große Krieg in Deutschland« (3 Bde., 1912–14, 1929 unter dem Titel »Der Dreißigjährige Krieg«) und »1848 – Die Revolution des 19. Jahrhunderts in Deutschland« (1944) als auch Romane und Erzählungen (u. a.): »Erzählungen« (3 Bde., 1897), »Michael Unger« (Familienroman, 1913), »Der letzte Sommer« (Briefroman, 1910), »Der Fall Deruga« (Kriminalroman, 1917), »Der wiederkehrende Christus« (Erzählung, 1926), »Weiße Nächte« (Novelle, 1943).

Huch erhielt zahlreiche Ehrungen, u. a. den Goethe-Preis der Stadt Frankfurt a. M. (1931) und den Wilhelm-Raabe-Preis der Stadt Braunschweig (1944).

Das Judengrab. Aus: R. H., Der Fall Deruga – Der wiederkehrende Christus. Romane, Sämtliche Erzählungen. In: R. H., Gesammelte Werke. Hrsg. von Wilhelm Emrich. Bd. 4. Köln u. Berlin: Kiepenheuer & Witsch 1967. S. 895 bis 912. Erstdruck 1905.

ELISABETH LANGGÄSSER (1899–1950)

Geboren in Alzey. Tochter eines Architekten. War bis 1928 Lehrerin, dann für kurze Zeit (1929/30) Dozentin für Pädagogik an der sozialen Frauenschule Berlin. Die Autorin debütierte mit Lyrik (»Wendekreis des Lammes«, 1924) und verfaßte Hörspiele und Romane (»Der Gang durch das Ried«, 1936). Als Halbjüdin erhielt sie von den Nationalsozialisten Schreibverbot. Nach 1945 erschienen die großen Romane »Das unauslöschliche Siegel« (1946) und »Märkische Argo-

nautenfahrt« (1950) sowie eine Reihe von Erzählungen und meisterhaften Kurzgeschichten. Langgässer wurde posthum mit dem Georg Büchner-Preis der Deutschen Akademie für Sprache und Dichtung geehrt.
Untergetaucht. Aus: E. L., Saisonbeginn. Ausw. u. Nachw. von Elisabeth Hoffmann u. Helmut Meyer. Stuttgart: Reclam 1981. (Reclams UB Nr. 7723.) S. 6–10. © Claassen Verlag, Düsseldorf. Erstdruck in dem Erzählband »Der Torso«, 1948.

RUDOLF LEONHARD (1889–1953)
Geboren in Lissa (Posen) als Sohn eines Rechtsanwalts. Lyriker, Dramatiker, Erzähler. Als Anhänger der radikalen Linken Teilnahme an der Revolution 1918/19; ging 1927 nach Paris. Nach 1933 Mitbegründer und Organisator des »Schutzverbandes Deutscher Schriftsteller im Exil«; 1939 Internierung in verschiedenen Lagern; war dann im französischen Untergrund tätig. 1944 Rückkehr nach Paris, Übersiedlung nach Ost-Berlin 1950.
Jüdisches Kind. Aus: Die Neue Weltbühne 4 (1935) Nr. 2, S. 45–49.

GOTTHOLD EPHRAIM LESSING (1729–81)
Der Sohn eines protestantischen Pfarrers aus Kamenz (Oberlausitz) studierte ab 1746 zunächst Theologie, dann Medizin in Leipzig. 1748 ging Lessing nach Berlin, wo er – unterbrochen durch ein Intermezzo in Wittenberg (Erwerb der Magisterwürde 1752) – bis 1755 eine ausgedehnte Redakteurs- und Rezensententätigkeit entfaltete; 1755–58 erneuter Aufenthalt in Leipzig, anschließend in verschiedenen Stellungen: 1760–65 Sekretär bei dem preußischen General von Tauentzien in Breslau, 1767 Dramaturg am neugegründeten Hamburger Nationaltheater; nach dessen Zusammenbruch (1768) als Bibliothekar in Wolfenbüttel (1770–81). – Lessing begann seine literarische Laufbahn mit anakreontischen Liedern und Lustspielen im Stil der Aufklärung (»Der junge Gelehrte«, 1747); er ist Autor bedeutender kunstwissenschaftlicher

(»Laokoon«, 1766), dramaturgischer (»Hamburgische Dramaturgie«, 1767–69) und philosophischer Werke (»Die Erziehung des Menschengeschlechts«, 1780). Seine Stücke »Minna von Barnhelm« (Lustspiel, 1767), »Emilia Galotti« (Tragödie, 1772) sowie das aus der Auseinandersetzung mit seinen orthodoxen Gegnern hervorgegangene dramatische Gedicht »Nathan der Weise« (1779) gehören zum klassischen Bestand der deutschen Bühne.
Die Juden. Aus: G. E. L., Die Juden. Ein Lustspiel in einem Aufzuge verfertiget im Jahr 1749. Mit Dokumenten zur Entstehung u. Wirkung hrsg. von Wilhelm Große. Stuttgart: Reclam 1981. (Reclams UB Nr. 7679.) S. 15–18 u. 41–46. Erstdruck im vierten Teil der »Schriften«, 1754.

KARL BOROMÄUS ALEXANDER SESSA (1786–1813)

Der Sohn eines Breslauer Kaufmannes studierte in Halle, Wien und Frankfurt a. d. O. Medizin und spezialisierte sich auf Augenheilkunde. Neben fachwissenschaftlichen Arbeiten schon früh dichterische Ambitionen. Mit seiner judenfeindlichen Gesellschaftssatire »Die Judenschule« (»Unser Verkehr«) hat Sessa Aufsehen erregt. Die aus dem Nachlaß herausgegebenen Possen »Die Luftschiffer« (1824) und »Die Sonntagsperücke« (1825) sind harmlose Sketche, auf die Lachmuskeln eines anspruchslosen Publikums zielend.
Der alte und der junge Jude. Aus: K. B. A. S., Die Judenschule. Eingel. u. neu bearb. von Karl Konrad. Breslau: Flemmings 1936. (Die Schlesischen Spielbücher.) S. 17–25. Uraufführung 1813.

UNBEKANNTER VERFASSER

Unglaublicher Vorfall. Aus: Heiko A. Obermann, Wurzeln des Antisemitismus. Christenangst und Judenplage im Zeitalter von Humanismus und Reformation. Berlin: Severin und Siedler 1981. S. 129–133.

PETER WEISS (1916–82)

Geboren in Nowawes bei Berlin als Sohn eines jüdischen Textilfabrikanten. Verbrachte seine Jugend in Berlin und Bremen; 1934 Emigration mit den Eltern nach England; 1936 Übersiedlung in die Tschechoslowakei, Studium an der Kunstakademie in Prag (1937/38). Nach dem nationalsozialistischen Einmarsch Emigration der Eltern nach Schweden, denen Peter Weiss im Januar 1939 folgte. Arbeit in der Fabrik des Vaters, nebenbei der Versuch, als Maler zu existieren. Literarische Versuche in schwedischer Sprache blieben ohne Resonanz; seit den fünfziger Jahren schrieb der Autor wieder deutsch. Die frühen Arbeiten stehen im Zeichen formalästhetischer Experimente (»Der Schatten des Körpers des Kutschers«, 1960); die politisch unverbindliche Haltung gab Weiss später zugunsten einer entschieden sozialistischen Parteilichkeit auf. Ein Welterfolg war der »Marat/Sade« von 1964; für die Bühne folgten u. a. »Die Ermittlung« (1965), »Viet Nam Diskurs« (1968) und »Hölderlin« (1971).

Weitere Werke: »Abschied von den Eltern« (Roman, 1961); »Fluchtpunkt« (Roman, 1962); »Rapporte« (Essays, 1968/1971); »Die Ästhetik des Widerstands« (Roman, 3 Bde., 1975–81).

Gesang von der Rampe II. Aus: P. W., Die Ermittlung. Oratorium in 11 Gesängen. Frankfurt a. M.: Suhrkamp 1965. S. 14–21. Uraufführung 1965.

HANS ZÖBERLEIN (1895–1964)

Geboren in Nürnberg als Sohn eines Schuhmachers. Arbeitete zunächst als Maurer und Steinhauer. Im 1. Weltkrieg schwer verwundet, mehrere Kriegsauszeichnungen. An der Niederwerfung der Münchener Räterepublik war Zöberlein aktiv beteiligt. Er trat frühzeitig der NSDAP und der SA bei und brachte es bis zum SA-Brigadeführer. Nach dem Besuch einer Bauschule lebte er als Architekt in München. 1934 wurde Zöberlein Leiter des Kulturamtes in München, er war Gründer des Münchener Kulturkreises »Der Glaube an Deutschland«. Seine literarischen Werke (Romane und Erzählungen) verklären das Kriegserlebnis und nehmen Partei für die nationalsozialistische »Bewegung«. Wegen seiner Beteiligung an den Morden von Penzberg (April 1945) wurde Zöberlein 1948 von einem deutschen Gericht zum Tode verurteilt, die Strafe wurde 1949 in lebenslängliche Haft umgewandelt.

Die Judenfrage. Aus: H. Z., Der Befehl des Gewissens. Ein Roman von den Wirren der Nachkriegszeit und der ersten Erhebung. München: Zentralverlag der NSDAP [2]1937. S. 296–300. Erstdruck im selben Jahr.

Literaturhinweise

Das Literaturverzeichnis enthält neben einschlägigen Titeln zum Thema »Juden in der Literatur« Hinweise auf neuere Veröffentlichungen zur Geschichte der Juden und des Antisemitismus. Weitere Titel verzeichnet der Band von Oomen/Schmid (II); hier findet sich auch grundlegende Literatur zur Problematik des Vorurteils.

I. Juden in der Literatur

Angel, Pierre: Le personnage juif dans le roman allemand, 1855–1915. La racine littéraire de l'antisemitisme Outre-Rhin. Paris 1973.

Barner, Wilfried: Lessings »Die Juden« im Zusammenhang seines Frühwerks. In: Bahr, Erhard / Harris, Edward P. / Lyon, Laurence G. (Hrsg.), Humanität und Dialog. Lessing und Mendelssohn in neuer Sicht. Detroit u. München 1982. S. 189–209.

Barner, Wilfried: Vorurteil, Empirie, Rettung. Der junge Lessing und die Juden. In: Bulletin des Leo-Baeck-Instituts 69 (1984) S. 29–51; auch in: Strauss, Herbert A. / Hoffmann, Christhard (Hrsg.), Juden und Judentum in der Literatur. München 1985. S. 52–77.

Bass, Julius: Die Darstellung der Juden im deutschen Roman des zwanzigsten Jahrhunderts. In: Monatsschrift für Geschichte und Wissenschaft des Judentums (MGWJ) 57 (1913) S. 641–665; 58 (1914) S. 97–112, 209–240, 359–377, 482–504, 562–585; 59 (1915) S. 13–33, 82–90, 213–226; 60 (1916) S. 140–148, 302–312.

Bayerdörfer, Hans Peter / Grimm, Gunter (Hrsg.): Im Zeichen Hiobs. Jüdische Schriftsteller und deutsche Literatur im 20. Jahrhundert. Königstein i. Ts. 1985.

Bier, Jean Paul: Auschwitz et les nouvelles littératures allemandes. Brüssel 1979.

Elliott, James / Pelzer, Jürgen / Poore, Carol (Hrsg.): Stereotyp und Vorurteil in der Literatur. Göttingen 1978. (Zeitschrift für Literaturwissenschaft und Linguistik, Beiheft 9.)

Feinberg, Anat: Jewish Fate in German Drama 1933–1945. In: Yearbook of the Leo Baeck Institute 29 (1984) S. 57–71.

Frankl, Oskar: Der Jude in den deutschen Dichtungen des 15., 16. und 17. Jahrhunderts. Leipzig 1905.

Frenzel, Elisabeth: Judengestalten auf der deutschen Bühne. München 1940.

Geiger, Ludwig: Die Deutsche Literatur und die Juden. Berlin 1910.

Geissler, Klaus: Die Juden in mittelalterlichen Texten Deutschlands. Eine Untersuchung zum Minoritätenproblem anhand literarischer Quellen. In: Zeitschrift für bayerische Landesgeschichte 38 (1975) S. 163–226.

Guthke, Karl S.: Lessing und das Judentum. Rezeption. Dramatik und Kritik. Krypto-Spinozismus. In: Vorstand der Lessing-Akademie (Hrsg.), Judentum im Zeitalter der Aufklärung. Wolfenbüttel 1977. S. 229–271. (Wolfenbütteler Studien zur Aufklärung 4.)

Horch, Hans Otto: Conditio Judaica. Juden und Judentum im Spiegel liberaler

Erzählliteratur und liberaler jüdischer Literaturkritik. Aachen 1984. (Habilitationsschrift.)
Horch, Hans Otto: Judenbilder in der realistischen Erzählliteratur. Jüdische Figuren bei Gustav Freytag, Fritz Reuter, Berthold Auerbach und Wilhelm Raabe. In: Strauss, Herbert A. / Hoffmann, Christhard (Hrsg.), Juden und Judentum in der Literatur. München 1985. S. 140–171.
Jenzsch, Helmut: Jüdische Figuren in deutschen Bühnentexten des 18. Jahrhunderts. Eine systematische Darstellung auf dem Hintergrund der Bestrebungen zur bürgerlichen Gleichstellung der Juden, nebst einer Bibliographie nachgewiesener Bühnentexte mit Judenfiguren der Aufklärung. Hamburg 1974. (Dissertation.)
Krojanker, Gustav (Hrsg.): Juden in der deutschen Literatur. Essays über zeitgenössische Schriftsteller. Berlin 1922.
Lea, Charlene A.: Emancipation, Assimilation and Stereotyp. The Image of the Jew in German and Austrian Drama (1800–1850). Bonn 1978. (Modern German Studies 2.)
Loewy, Ernst: Literatur unterm Hakenkreuz. Das Dritte Reich und seine Dichtung. Eine Dokumentation. Köln ³1977.
Mayer, Hans: Außenseiter. Frankfurt a. M. 1975.
Moses, Stéphane / Schöne, Albrecht (Hrsg.): Juden in der deutschen Literatur. Frankfurt a. M. 1986.
Mosse, George L.: The Image of the Jew in German Popular Culture. Felix Dahn and Gustav Freytag. In: Yearbook of the Leo Baeck Institute 2 (1957) S. 218–227.
Müller, Heidy M.: Die Judendarstellung in der deutschsprachigen Erzählprosa (1945–1981). Königstein i. Ts. 1984. (Hochschulschriften Literaturwissenschaft 58.)
Oettinger, Klaus: Wollen wir sie verdammen? Johann Peter Hebel und die Juden. In: Allmende 1 (1981) H. 2, S. 2–11.
Pleticha, Heinrich (Hrsg.): Das Bild des Juden in der Volks- und Jugendliteratur vom 18. Jahrhundert bis 1945. Würzburg 1985.
Reich-Ranicki, Marcel: Über Ruhestörer. Juden in der deutschen Literatur. Erw. Fassung. Frankfurt a. M., Berlin u. Wien 1977.
Schmelzkopf, Christiane: Zur Gestaltung jüdischer Figuren in der deutschsprachigen Literatur nach 1945. Hildesheim 1983. (Germanistische Texte und Studien 16.)
Schneider, Michael: Apologie des Bürgers. Zur Problematik von Rassismus und Antisemitismus in Gustav Freytags Roman »Soll und Haben«. In: Jahrbuch der deutschen Schillergesellschaft 25 (1981) S. 385–413.
Stoffers, Wilhelm: Juden und Ghetto in der deutschen Literatur bis zum Ausgang des Weltkrieges. Nymwegen 1939. (Deutsche Quellen und Studien 12.)
Strauss, Herbert A. / Hoffmann, Christhard (Hrsg.): Juden und Judentum in der Literatur. München 1985.
Ueding, Gert (Hrsg.): Materialien zu Hans Mayer »Außenseiter«. Frankfurt a. M. 1978.
Wenzel, Edith: Zur Judenproblematik bei Hans Folz. In: Zeitschrift für deutsche Philologie 101 (1982) S. 79–104.

II. Geschichte des Antisemitismus

Adam, Uwe Dietrich: Judenpolitik im Dritten Reich. Königstein i. Ts. 1979.

Albertz, Jörg (Hrsg.): »Judenklischees« und jüdische Wirklichkeit in unserer Gesellschaft. Wiesbaden 1985. (Schriftenreihe der Freien Akademie 4.)

Bein, Alex: Die Judenfrage. Biographie eines Weltproblems. 2 Bde. Stuttgart 1980.

Berding, Helmut: Antisemitismus in Deutschland 1870–1980. Frankfurt a. M. 1986.

Bosch, Michael (Hrsg.): Antisemitismus, Nationalsozialismus und Neonazismus. Düsseldorf 1979.

Gilbert, Martin: Endlösung. Die Vertreibung und Vernichtung der Juden. Ein Atlas. Reinbek bei Hamburg 1982.

Greive, Hermann: Geschichte des modernen Antisemitismus in Deutschland. Darmstadt 1983.

Hilberg, Raul: Die Vernichtung der europäischen Juden. Die Gesamtgeschichte des Holocaust. Berlin 1982.

Katz, Jacob: From Prejudice to Destruction. Anti-Semitism, 1700–1933. Cambridge (Mass.) 1982.

Klein, Thomas / Losemann, Volker / Mai, Gunther (Hrsg.): Judentum und Antisemitismus von der Antike bis zur Gegenwart. Düsseldorf 1984.

Manzmann, Anneliese (Hrsg.): Judenfeindschaft in Altertum, Mittelalter und Neuzeit. Königstein i. Ts. 1981. (Historie heute 2.)

Martin, Bernd / Schulin, Ernst (Hrsg.): Die Juden als Minderheit in der Geschichte. München 1981.

Oberman, Heiko A.: Wurzeln des Antisemitismus. Christenangst und Judenplage im Zeitalter von Humanismus und Reformation. Berlin 1981.

Oomen, Hans-Gert / Schmid, Hans-Dieter (Hrsg.): Vorurteile gegen Minderheiten. Die Anfänge des modernen Antisemitismus am Beispiel Deutschlands. Stuttgart 1978. (Arbeitstexte für den Unterricht. Reclams UB Nr. 9543 [2].)

Richarz, Monika (Hrsg.): Jüdisches Leben in Deutschland. Selbstzeugnisse zur Sozialgeschichte. Bd. 3: 1918–1945. Stuttgart 1982.

Schmid, Hans-Dieter / Schneider, Gerhard / Sommer, Wilhelm (Hrsg.): Juden unterm Hakenkreuz. Dokumente und Berichte zur Verfolgung und Vernichtung der Juden durch die Nationalsozialisten 1933–1945. Bd. 1: Verdrängung und Verfolgung. Bd. 2: Vertreibung und Vernichtung. Düsseldorf 1983. (Geschichtsdidaktik: Studien, Materialien 17.)

Schoenberner, Gerhard (Hrsg.): Wir haben es gesehen. Augenzeugenberichte über Terror und Judenverfolgung im Dritten Reich. Wiesbaden 1981.

Silbermann, Alphons: Der ungeliebte Jude. Zur Soziologie des Antisemitismus. Zürich u. Osnabrück 1981. (Texte und Thesen 134.)

Silbermann, Alphons / Schoeps, Julius H. (Hrsg.): Antisemitismus nach dem Holocaust. Köln 1985.

Strauss, Herbert A. / Kampe, Norbert (Hrsg.): Antisemitismus. Von der Judenfeindschaft zum Holocaust. Bonn 1984. (Schriftenreihe der Bundeszentrale für politische Bildung 213.); Buchhandelsausgabe: Frankfurt a. M. u. New York 1985.

III. Didaktische Literatur

Der Deutschunterricht 36 (1984) H. 4, 37 (1985) H. 3: Themenhefte »Juden in der deutschen Literatur I und II«.

Eisenbeiß, Manfred: Stundenblätter Max Frisch »Andorra«. Stuttgart 1981. (Hier weitere Literatur zu dem Stück.)

Frey, Winfrid: Antijüdische Tendenzen in einem Fastnachtspiel des Hans Folz. Einige Aspekte zum Unterrichtsthema »Antisemitismus«. In: Wirkendes Wort 32 (1982) S. 1–19.

Gelber, Mark: Teaching »Literary Anti-Semitism«: Dickens' »Oliver Twist« and Freytag's »Soll und Haben«. In: Comparative Literature Studies 16 (1979) S. 1–11.

Lohmann, Christa: Das Judenproblem im Literaturunterricht. Ein Unterrichtsbeispiel für die Oberstufe. In: Der Deutschunterricht 18 (1966) H. 2, S. 78–90.

Payrhuber, Franz Josef: Das Thema »Judenverfolgung« im deutschen Drama der Nachkriegszeit. In: Ders., Deutsches Gegenwartsdrama im Literaturunterricht der Sekundarstufe I. München 1978. S. 122–146.

[illegible]

[illegible]

[illegible]

[illegible]

[illegible]

Johnson [illegible]

[illegible]

Arbeitstexte für den Unterricht

Ästhetik. (Macho/Moser/Šubik) 9592 [2]
Anleitung zur Abfassung literaturwissenschaftlicher Arbeiten. (Rothmann) 9504
Antike Mythen in moderner Prosa. (Olbrich) 9593
Arbeitslosigkeit. (Arend/Hesse/Prahl) 9574 [2]
Argumente und Parolen. Politische Propaganda im 20. Jahrhundert. (Günther) 9518 [2]
Autobiographische Texte. (Imgenberg/Seifert) 9589 [2]
Begriffsanalyse. Eine Einführung. (Wilson/Guth) 9580 [2]
Behinderte. (Bernsmeier) 9577 [2]
Chansons. (Seufert) 9527 [2]
Comics. (Greiner) 9513 [2]
Detektivgeschichten für Kinder. (Hasubek) 9556
Deutsche Balladen. (Freund) 9571 [2]
Deutsche Essays des 20. Jahrhunderts. (Heimrath) 9559 [2]
Deutsche Kriegsliteratur zu zwei Weltkriegen. (Klose) 9581 [2]
Deutsche Kurzgeschichten. (Ulrich)
2.–3. Schuljahr. 9528 – 4.–5. Schuljahr 9529
5.–6. Schuljahr. 9505 – 7.–8. Schuljahr 9506
9.–10. Schuljahr. 9507 – 11.–13. Schuljahr 9508
Deutsche Liebesgedichte. (Braun/Lebentanzer) 9590
Deutsche Literatur des Mittelalters. (Brandt) 9568 [2]
Deutsche Sagen. (Petzoldt) 9535 [2]
Deutsche Sprache der Gegenwart. (Hotz) 9531 [2]
Deutsche Sprachgeschichte. (Wolff) 9582 [2]
Deutsche Sprichwörter und Redensarten. (Mieder) 9550 [2]
Deutsche Volkslieder. Texte, Variationen, Parodien. (Mieder) 9560 [2]
Erkenntnis und Sein. (Wisser)
I. Epistemologie. 9547 [2] – II. Ontologie. 9548 [2]
Entdeckungsberichte. (Pleticha) 9595
Ethik. (Sandvoss) 9565 [2]
Fabeln. (Poser) 9519
Fach- und Sondersprachen. (Feinäugle) 9510 [2]
Familie und Gesellschaft. (Filser) 9511
Fiktionale und nichtfiktionale Texte desselben Autors. (Schaarschmidt) 9515

Presse und Pressewesen. (Hestermann) 9545 [2]
Reise- und Abenteuergeschichten. (Pleticha) 9537
Religionskritik. (Hoerster) 9584 [2]
Rundfunk und Fernsehen in Deutschland. (Diller) 9587 [2]
Satirische Texte. (Feinäugle) 9525 [2]
Schelmen- und Gaunergeschichten. (Maier) 9578
Schulgeschichten. (Metz) 9551
Spieltexte.
2.–4. Schuljahr. (Grömminger) 9567 – 5.–7. Schuljahr. (Grömminger) 9576 – 8.–10. Schuljahr (Denk) 9585
Sportgeschichten. (Metz) 9540
Sprachspiele. (Weller) 9533
Ein Star wird gemacht. Film / Hörspiel / Bühnenstück. Spielübungen. (Klose) 9526
Text und Leser. Zur Rezeption von Literatur. (Schober) 9549 [2]
Texte zur Poetik des Films. (Denk) 9541 [2]
Theater spielen. Anregungen, Übungen, Beisp. (Neuhaus) 9588 [2]
Theorie der Kurzgeschichte. (Nayhauss) 9538
Theorie der Lyrik. (Völker) 9594 [2]
Theorie der Novelle. (Krämer) 9524
Theorie des Dramas. (Staehle) 9503 [2]
Theorie des Hörspiels. (Scheffner) 9546 [2]
Theorie des Kriminalromans. (Finckh) 9512
Theorie des Romans. (Lindken) 9534 [2]
Tiergeschichten. (Lehnemann) 9530
Tourismus. (Prahl/Steinecke) 9564 [2]
Utopie. (Biesterfeld) 9591 [2]
Vorurteile gegen Minderheiten. Die Anfänge des modernen Antisemitismus am Beispiel Deutschlands. (Oomen/Schmidt) 9543 [2]
Das Wahrheitsgebot oder: Muß man immer die Wahrheit sagen? (Martens) 9579
Werbetexte / Texte zur Werbung. (Springmann) 9522
Wir erzählen Geschichten. Texte und Anleitungen. (Klose) 9552
Witz. (Lixfeld) 9542

Philipp Reclam jun. Stuttgart